전쟁 없는
세상은 가능할까

10대를 위한 세상 제대로 알기 ④

전쟁 없는
세상은 가능할까

**갈등을 줄이고 평화를 이루기 위해서
우리는 무엇을 해야 할까요?**

오애리 · 구정은 지음

북 카라반
CARAVAN

전쟁 없는 세상은 가능할까

이 글을 쓰는 동안 TV 화면에서는 팔레스타인 가자지구에서 벌어지고 있는 참혹한 상황을 전하고 있습니다. 이스라엘군의 폭격에 완전히 부서진 건물과 집들, 어린아이의 시신을 안고 울부짖는 아버지, 온 가족을 잃어버리고 망연자실한 채 길거리에 앉아 있는 여성들….

그중에서도 가장 가슴 아픈 광경은 병원 영안실에 있는 어린아이들 시신입니다. 숨진 아이들의 팔과 다리에는 이름이 적혀 있습니다. 가자지구의 부모들은 이스라엘군의 공격으로 아이가 사망했을 때 시신이라도 찾기 위해 이렇게 자녀의 몸에 이름을 써놓는다고 합니다. 너무 많은 시신이 쏟아져 나오면서 이름조차 확인하지 못한 채 남녀 성별로만 구분돼 매장하는 일이 흔하기 때문이라고 해요.

이스라엘 쪽에서도 끔찍한 일이 벌어지기는 마찬가지입니다. 가자지구의 무장정파인 하마스가 기습적으로 이스라엘을 침략하는 바람에 많은 사람이 목숨을 잃거나 인질로 끌려가야만 했습니다. 가자지구로 끌려간 이스라엘 사람들 가운데에는 태어난 지 10개월밖에 되지 않은 아기도 있었답니다. 이 아기는 인질로 잡혀 있던 중 이스라엘군의 폭격에 숨진 것으로 전해졌습니다.

동유럽 우크라이나에서도 전쟁이 계속되고 있습니다. 2년 넘게 이어지는 전쟁으로 수많은 사람이 죽거나 큰 고통을 겪고 있지요. 이 비극을 단적으로 보여주는 사진 한 장이 있습니다.

전쟁의 포화로 온몸이 만신창이가 된 한 우크라이나 남성이 침대에 누워 있습니다. 최전방에 배치돼 러시아군과 맞서 싸웠던 그의 양팔은 잘려 나갔고 얼굴은 피투성이

입니다. 링거를 맞을 팔이 없어져서인지 가슴 위쪽에 링거 줄 같은 것이 연결돼 있습니다. 남자는 두 눈을 잃었고, 청각도 일부 잃었다고 해요. 그의 옆에는 아내가 눈을 감은 채 누워 한 팔로 남편의 몸을 안고 있습니다. 살아 있는 것만이라도 다행이라고 생각하는 듯 여자의 얼굴에는 옅은 미소가 피어올라 있기까지 합니다. 이 사진 한 장에 많은 사람이 눈물을 흘렸다고 해요.

전쟁은 누구에게나 끔찍한 일이지만 어린이와 여성에게 더욱 가혹한 듯합니다. 가자지구에서 발생한 사망자의 절반 이상이 어린이, 여성, 노인입니다. 이스라엘 쪽에서도 적지 않은 숫자의 어린이들이 죽거나 다쳤어요. 하마스에 인질로 끌려간 여성들 가운데 일부는 성폭행을 당하기도 했지요.

가자지구와 우크라이나는 한국과 멀리 떨어져 있습니다. 우리가 평생 살면서 한 번도 가보지 않을 수도 있는 곳들이지요. 그렇다고 해서 그곳에서 벌어지는 전쟁은 우리와 전혀 상관없는 일일까요?

러시아가 우크라이나를 침공했을 때 전 세계에서 휘발유와 난방가스 가격이 오르고, 밀가루와 버터 등 많은 생물품의 가격이 급등했어요. 러시아는 원유와 천연가스 생산국으로 손꼽히고, 우크라이나는 '유럽의 빵바구니'로 불릴 만큼 많은 곡물을 생산해온 국가예요. 우크라이나 전쟁 때문에 우리나라도 밥상물가가 요동치는 타격을 입었답니다.

이스라엘과 하마스 사이에 전쟁이 벌어졌을 때도 중동 지역의 정세가 불안해지면서 유가가 크게 오를 수 있다는 우려가 나왔어요. 이처럼 세계는 하나로 이어져 있다시피 합니다. 그래서 지구 반대편에서 벌어지는 전쟁이 결코 '남의 일'이 될 수 없답니다.

경제적 이유 말고도 우리가 먼 외국에서 벌어지는 전쟁에 관심을 가져야 할 이유는 또 있습니다. 어쩌면 경제적 측면보다 더 중요한 이유일 수도 있습니다. 바로 인도주의이지요. 한 시대를 살아가는 인간으로서 우리는 타인의 고통에 관심을 기울이고 공감하는 자세를 가져야 합니다.

하지만 이스라엘-하마스, 러시아-우크라이나처럼 오

랫동안 진행된 갈등이 전쟁으로 이어지면, 그 배경을 이해하기가 쉽지 않은 것이 사실입니다. 매일매일 관련 뉴스들이 쏟아지기는 하지만 대체 무엇 때문에 싸우는지 잘 알지 못하니까 "원래부터 그런 나라야"라면서 아예 관심을 가지지 않으려 하는 사람들도 있을 것입니다.

이 책은 21세기에 벌어졌거나 현재도 계속되고 있는 세계 곳곳의 분쟁 현황과 함께 역사적 배경과 전개 과정, 핵심 이슈 등을 이해하기 쉽게 안내하는 데 중점을 두었습니다. 1장은 우크라이나 전쟁, 2장은 중동의 이스라엘-팔레스타인 갈등과 아프리카 수단 내전, 남아시아 카슈미르 갈등, 그리고 중미 국가 콜롬비아 내전 등 세계 곳곳의 분쟁들, 3장은 아프가니스탄 전쟁, 4장은 아랍의 봄과 시리아 내전, 5장은 이라크 전쟁을 다뤘습니다. 마지막 6장에서는 전쟁범죄를 처벌하고 막기 위해 국제사회가 기울여온 다양한 노력을 소개하고 있습니다.

되돌아보면 우리나라도 전쟁의 비극을 경험한 국가입니다. 1953년 유엔군과 북한이 체결한 정전협정 체제가 지금까지 이어지고 있고, 북한의 위협이 지금도 계속되니 어쩌면 지구상의 그 어느 나라보다 전쟁의 그늘 아래에 있는지도 모릅니다. 국가와 국가가 싸우는 전쟁 말고도 인류는 지금 기후 위기에 따른 갈등으로 인한 전쟁, 정보·기술 전쟁 등 새로운 형태의 전쟁 위험성을 안고 살아가고 있기도 합니다.

　　전쟁 없는 세상은 정말 불가능할까요? 갈등을 줄이고 평화를 이루기 위해서 우리는 무엇을 해야 할까요? 이를 위한 첫걸음은 '이해'라고 생각합니다. 과거와 현재에 벌어졌거나 벌어지고 있는 전쟁의 원인을 살펴보고, 또다시 그런 비극이 일어나는 것을 막으려면 어떻게 해야 할지 생각해 보는 것이 바로 평화로 향하는 길의 출발점이 될 것입니다. 이 책이 부디 좋은 안내서가 되길 바랍니다.

3장 끝나지 않는 전쟁, 아프가니스탄

4장 아랍의 봄과 시리아 내전

세계를 뒤흔든
우크라이나 전쟁

세계를 뒤흔든
우크라이나 전쟁

우크라이나를 침공한 러시아

2022년 2월 24일, 동유럽 국가 우크라이나에 미사일들이 쏟아졌습니다. 러시아가 인접국 우크라이나에 무차별 폭격을 시작한 것입니다. 러시아의 우크라이나 침략에 전 세계는 깜짝 놀랐어요. 두 나라 사이가 오랫동안 나쁘기는 했지만, 러시아가 정말로 우크라이나를 상대로 전쟁을 벌이는 것은 너무 무모한 일이어서 현실화되기 어렵다는 전망이 대부분이었거든요.

코로나바이러스감염증-19(코로나19) 팬데믹을 거치면서 물가가 급상승하고 경제는 침체해 몸살을 앓고 있던 각국에 러시아의 우크라이나 침공은 치명타가 됐습니다. 천연가스와 기름값이 치솟았고 밀가루 등 곡물과 생필품 가격이 급등했지요. 특히 러시아산 천연가스에 의존해온

리시아군의 폭격으로 파괴된 우크라이나 키이우의 아파트.

유럽 국가들은 폭등한 에너지 가격에 큰 어려움을 겪어야만 했어요.

블라디미르 푸틴 러시아 대통령은 침공 직전 TV 연설에서 '특별군사작전'이라는 용어를 사용했습니다. '특별한 목적'에 국한된 군사작전이라는 것입니다. 푸틴 대통령은 "우크라이나가 러시아를 지속적으로 위협하고 있어 러시아가 안전하게 존재하기 어려워졌다"는 말로 모든 책임을 우크라이나에 돌렸습니다.

푸틴은 또 "우크라이나 정부의 괴롭힘과 집단학살의 대상이 된 사람들을 보호하고 우크라이나를 '비무장화, 비나치화'하는 것"이라고 주장했어요. 그런가 하면 러시아와 우크라이나는 '하나의 국가'라고 여러 차례 강조하기도 했지요.

이게 다 무슨 소리일까요? 우크라이나 정부가 누구를 괴롭히고 있다는 것이며, 나치는 왜 갑자기 나왔을까요? 러시아와 우크라이나가 하나라는 말은 또 무슨 소리일까요? 우크라이나가 어떤 나라인지, 러시아와 우크라이나의 특수한 관계를 알아봐야겠습니다.

우크라이나와 러시아는 한 뿌리?

우크라이나는 유럽에서 동과 서, 남과 북을 연결하는 경계에 자리 잡은 국가입니다. 남쪽 흑해로 흐르는 드니프

로(러시아어로 드네프르)강이 국토를 동서로 나누고 있어요. 이 강을 경계로 서부 지역은 과거에 폴란드와 오스트리아 제국의 지배를 받았고 민족주의 성향이 강하며 우크라이나어를 쓰는 사람이 많습니다. 반면에 동부 지역은 수 세기 동안 러시아의 지배를 받아 러시아계 주민이 많답니다.

우크라이나의 국토 면적은 한국의 여섯 배인 60만 제곱킬로미터예요. 드넓은 농경지가 발달돼 있어서 밀을 많이 생산하고, 천연가스 등 자원도 많지요. 인구는 전쟁 전인 2021년 기준으로 약 4400만 명에 달했는데, 우크라이나계가 78퍼센트이고 러시아계가 18퍼센트, 그 외의 소수 민족으로 구성돼 있어요.

유럽 역사에서 우크라이나가 부상한 것은 8~9세기 동유럽 최초의 봉건국가 키이우 루시(러시아어로 키예프 루스) 공국이 세워지면서부터입니다. 키이우 루시가 13세기 몽골의 침략으로 멸망한 뒤 일부 주민들은 몽골, 폴란드-리투아니아, 오스만튀르크의 지배를 받았고, 일부는 인접한 모스크바 공국으로 넘어갔어요. 러시아는 모스크바 공국이 키예프 루스의 제도와 문화를 계승해 훗날 러시아제국으로 발전했다고 주장합니다. 푸틴이 러시아와 우크라이나는 하나라고 말하는 근거가 바로 이것이랍니다.

하지만 다른 의견도 있어요. 모스크바 공국은 키이우 루시의 지배 아래에 있던 비非슬라브 부족의 연합체일 뿐이며, 우크라이나의 정체성과는 무관하다는 것입니다.

우크라이나가 러시아와 하나로 합쳐진 데에는 1654년 체결한 '페레야슬라프협약'이 결정적인 계기가 됐어요. 키이우 루시 멸망 후 남아 있던 카자크족 자치국이 폴란드의 침략을 막기 위해 러시아와 맺은 이 협약이 지금의 우크라이나 동남부가 러시아에 귀속되는 결과를 가져온 것입니다. 러시아는 이 협약을 통해 우크라이나와 법적으로 하나의 국가가 됐다고 주장하지만, 우크라이나는 단순한 군사동맹에 불과했다며 이를 일축하고 있답니다.

제1차 세계대전으로 러시아제국이 무너지고 1922년 소련이 탄생하면서 우크라이나도 소련에 합병됐어요. 소련의 최고지도자 이오시프 스탈린은 공업화된 사회주의 국가를 만들기 위한 5개년 계획을 실행하면서, 1928~1932년 농촌의 우크라이나인들을 대거 공장 지역으로 이주시켰죠.

이때 농장 집단화도 추진했는데, 이로 인해 농업 생산량이 급감하면서 1932~1933년 우크라이나에서는 대기

근이 발생했습니다. 최대 1000만 명이 굶어 죽었다고 해요. '유럽의 빵 바구니'라 불릴 정도로 비옥한 토양을 가진 나라에서 이처럼 많은 사람이 굶어 죽는 믿기지 않는 비극이 일어난 것입니다. 우크라이나와 서방의 역사가들은 이 사건을 나치의 유대인 학살 '홀로코스트'에 필적하는 제노사이드(종족 말살)로 보고 있어요.

독립 후 동서로 갈라진 우크라이나

1989년 독일 베를린 장벽이 무너진 뒤 동유럽 공산국가들에서 반공산당, 반소련, 분리독립 움직임이 폭발적으로 일어났습니다. 이런 분위기에서 1991년 8월 24일 우크라이나 의회는 독립 법안을 채택했어요. 그리고 같은 해 12월 1일에 실시된 국민투표에서 찬성률 92퍼센트로 독립이 확정됐습니다.

우크라이나의 독립은 가뜩이나 휘청거리던 소련에 결정타가 됐어요. 우크라이나가 독립하고 20여 일 뒤인 1991년 크리스마스에 미하일 고르바초프가 소련 대통령직을 공식 사임했습니다. 다음날 최고 의결기구인 소련최고회의가 15개 신생 독립국의 독립을 공식 승인했습니다. 이렇게 해서 한때 미국과 함께 세계 최강국이었던 소련이 역사 속으로 사라졌지요.

우크라이나는 독립 후 자본주의를 도입하기는 했습니다. 하지만 시장경제에 잘 적응하지 못하면서 경제 규모가 20퍼센트나 감소하는 등 많은 어려움을 겪었어요. 특히 2004년 대통령 선거는 우크라이나의 고질적인 지역 갈등을 더욱 부채질하는 계기가 됐지요. 동부를 대표한 친러시아파 빅토르 야누코비치와 서부를 대표한 친서방파 빅토르 유셴코가 대결했습니다. 결과는 49.5퍼센트 대 46.6퍼센트로 야누코비치의 승리였어요.

하지만 부정선거 증거가 쏟아지면서 국민들은 야당을 상징하는 오렌지색 목도리를 두르고 재선을 요구하는 대규모 시위를 벌였습니다. 결국 같은 해 12월에 재선거가 치러지고 유셴코가 대통령에 당선됐습니다. 시민들이 비폭력으

2004년 11월 대통령 선거가 부정으로 치러진 데 항의하는 우크라이나 시민들. 오렌지색 목도리와 깃발들이 등장해 오렌지 혁명이라고 부른다.

로 이뤄낸 이 같은 변화를 '오렌지 혁명'이라고 부릅니다.

　　우크라이나의 고난은 여기서 끝나지 않았어요. 2010년 대선에서 승리해 대통령이 된 야누코비치가 노골적인 친러시아 정책을 취했습니다. 분노한 시민들은 2013년 11월부터 매일 수도 키이우의 중심에 있는 독립광장에서 유럽연합 가입을 요구하는 평화적 시위를 벌였습니다. 이 시위를 '유로마이단Euromaidan'이라고 부릅니다. '유럽'을 의

미하는 '유로'와 우크라이나어로 '광장'을 뜻하는 '마이단'을 합친 말이에요. 해를 넘기면서 시위는 더욱 격화됐고, 의회가 대통령 탄핵을 만장일치로 의결했습니다. 야누코비치는 자신의 정치 기반인 동부 지역으로 도망갔다가 러시아로 망명했어요.

그러자 푸틴 러시아 대통령은 2014년 2월 27일 우크라이나 동부의 크림반도 자치정부와 의회를 전격 장악했습니다. 명분은 크림반도에 있는 러시아 국민을 보호한다는 것, 현지 주민들이 러시아를 원한다는 것이었어요. 같은 해 3월 크림반도 주민투표에서 96.77퍼센트의 지지로 독립이 의결됐고, 뒤이어 크림 공화국과 러시아 사이에 병합조약이 체결됐습니다. 우크라이나는 물론 국제사회도 이를 인정하지 않고 있어요.

우크라이나 전쟁에 관한 뉴스를 통해 돈바스 지역이라는 용어를 들어본 적이 있을 것입니다. 동부의 루한스크주와 돈바스(러시아어로는 도네츠크)주 일대를 가리키는 말이지요. 러시아의 크림 병합 이후에도 돈바스 일대에서는 우크라이나 정부군과 친러시아 반군 사이에 무력충돌이 계속됐고, 결국 이것이 러시아가 우크라이나를 침공하는 빌미가 됐습니다.

푸틴은 우크라이나를 침공하기 전인 2022년 2월 21일 대국민 연설에서 이렇게 말했습니다. "현대 우크라이나는 러시아, 더 정확하게는 볼셰비키, 그러니까 소련에 의해 완전히 창조됐다. 이 과정은 1917년 혁명 직후에 시작됐다. 러시아 혁명을 이끈 블라디미르 레닌과 그의 동료들은 러시아의 역사적인 영토 일부를 떼어내어 분리했다. 스탈린은 폴란드, 루마니아, 헝가리에 속한 땅 일부를 우크라이나에 붙여 줬다. 1954년 (소련 공산당 서기장) 니키타 흐루쇼프는 크림반도를 떼어내 우크라이나에 줬다. 이것이 오늘날의 우크라이나가 만들어진 과정이다. 우크라이나는 결코 진정한 국가 지위의 전통을 가진 적이 없었다."

푸틴의 말 중 특히 관심이 쏠리는 대목은 크림반도예요. 1954년 흐루쇼프 소련 공산당 서기장이 러시아공화국 땅이었던 크림반도를 우크라이나에 양도했다는 그의 주장은 역사적 사실이기는 해요. 앞에서 언급한 페레야슬라프 협약 300주년을 기념하고 러시아와 우크라이나의 우호를 표시하기 위한 조치였죠. 하지만 당시에는 우크라이나가 소련의 일부였으므로 사실상 상징적인 제스처에 불과해요.

1991년 우크라이나가 독립을 선언하고 소련이 해체된 뒤에도 크림반도는 엄연한 우크라이나 영토였습니다. 하지만 러시아는 2014년 우크라이나의 정치적 대혼란을 틈타 크림을 병합해 버렸습니다. 그리고 2022년 침략을 통해 동부 돈바스 지역은 물론 우크라이나 전체를 장악하려는 야욕을 드러내고 있어요.

푸틴은 돈바스 지역에서 살고 있는 러시아계 주민들이 우크라이나 정부와 나치를 추종하는 '아조우 연대Azov Brigade'에게 집단학살과 고문을 당하고 있다면서 우크라이나 침공을 정당화하기도 했습니다. 푸틴이 말한 우크라이나의 '비나치화'는 아조우 연대를 염두에 둔 주장이었어요. 아조우 연대는 2014년 돈바스 내전 당시 친러 반군에 맞서기 위해 민병대로 출범했으며, 정식 명칭은 '아조우 특수작전 파견대'입니다.

우크라이나는 제2차 세계대전 기간 중 나치의 지원을 받은 일부 민족주의 세력이 유대계와 러시아계 주민들을 상대로 인종 청소를 저질렀던 비극적인 역사가 있습니다. 아조우 연대가 활동 초기에 극우민족주의와 네오나치즘 성향이었던 것은 사실이에요. 그러나 현재는 이런 성향이 거의 사라져, 러시아가 내세운 우크라이나의 네오나치 제거 명분은 침략의 구실에 불과하다고 여겨지고 있어요.

앞에서 살펴보았듯이, 러시아와 우크라이나는 특별한 역사적 관계가 있습니다. 오랫동안 하나의 국가였던 적도 있고요. 하지만 "우크라이나 땅은 우리가 나눠준 것이며, 우크라이나는 러시아가 만들었다"라는 식의 푸틴의 주장은 분명 문제가 있습니다. 과거에 러시아 땅이었다고 해서 지금도 자기네 땅이라고 주장하는 것은 어불성설이지요. 게다가 국민 스스로 독립을 선택한 주권 국가를 침략하는 행위는 국제법상 불법이 분명합니다.

갈등의 핵심, 우크라이나의 나토 가입

북대서양 조약 기구North Atlantic Treaty Organization, NATO는

유럽과 북미 31개의 회원국(2023년 10월 기준)이 소속된 정치 및 군사 동맹체입니다. 제2차 세계대전이 끝나고 냉전이 격화되던 1949년에 탄생했어요. 나토의 핵심은 조약 제5조에 명시된 "회원국 한 곳에 대한 무력공격은 전체 회원국에 대한 공격으로 간주한다"는 집단방위 원칙이지요. 나토가 집단방위 원칙을 발동한 것은 단 한 차례로, 2001년 미국에서 9·11 테러공격이 발생했을 때였어요. 당시 나토는 미국이 공격받은 바로 다음 날 즉각 제5조를 발동한다고 선언해 연대를 과시했죠.

1991년 소련이 붕괴하고 동유럽 국가들이 속속 민주화되면서 나토는 냉전의 유물이라는 평가를 받기도 했지만 꾸준히 회원국을 늘리면서 몸집을 키웠습니다. 폴란드, 체코, 헝가리를 시작으로 루마니아, 라트비아, 리투아니아 등 구소련 국가들이 속속 가입했어요. 2023년에는 군사적 중립을 고수해왔던 핀란드마저 러시아의 우크라이나 침공에 위기를 느끼고 나토 회원국이 됐지요. 2024년에는 200여 년간 중립을 지켜온 스웨덴도 가입해, 나토 회원국은 현재 32개국으로 늘었습니다.

우크라이나는 러시아의 위협을 걱정해 오랫동안 나토

2018년 키이우에서 열린 우크라이나 독립 기념 행사에서 행진하는 미국의 나토군. 우크라이나는 나토 가입을 원하지만, 러시아는 자국의 안보에 위협이 된다며 강력히 반대하고 있다.

가입을 원해왔습니다. 2002년 쿠치마 당시 대통령이 나토 가입 의사를 공식 천명한 이후 여러 차례 나토 문을 두드렸어요. 그러나 나토는 우크라이나가 가입하면 러시아를 자극할 우려가 있다고 판단해 소극적인 태도로 일관했습니다. 이에 우크라이나는 2019년 2월 헌법을 개정해 유럽연합과 나토 가입을 추진한다는 점을 아예 명문화했답니다. 2019년 5월 취임한 볼로디미르 젤렌스키 대통령 역시 나토 가입을 적극적으로 추진하고 있어요.

　반면 러시아는 우크라이나의 나토 가입은 자국의 안보를 위협하는 것이라며 강력히 반대하고 있습니다. 푸틴은 1990년 독일 통일 때 미국이 나토가 동쪽으로 '1인치도 나아가지 않을 것'이라 약속한 것을 줄곧 위반해왔다고 주장하고 있어요. 하지만 당시의 약속은 문서화하지 않은 구두 약속이었다고 해요.

　푸틴은 러시아를 지키기 위해서는 나토의 군사적 도발을 막아야 하며, 따라서 국경을 접하는 우크라이나의 가입은 절대로 허용할 수 없다는 입장을 고수하고 있어요. 결국 우크라이나 전쟁의 원인을 나토, 특히 미국의 도발 탓으로 돌리고 있는 것입니다. 나토 회원국들의 병력이 러시아와 가까운 동유럽에서 대대적인 군사훈련을 벌여 자국의 안보를 위협했기 때문에 우크라이나를 공격할 수밖에 없었다는 것이죠. 하지만 러시아가 우크라이나를 침공한 배경에는 제국주의적 야심이 깔려 있습니다. 또한 무력으로 다른 주권 국가의 영토를 병합하고 민간인들까지 대량 살상한 것은 전쟁범죄입니다.

　나토는 러시아와의 전쟁이 끝난 후 우크라이나의 공

식 가입 절차를 시작하겠다는 입장이에요. 전쟁 중인 우크라이나가 회원국에 합류하면 나토는 집단방위 조약에 따라 러시아와 싸워야 합니다. 이는 미국 등 모든 회원국에는 부담일 수밖에 없을 것입니다.

　　푸틴은 개전 당시만 해도 막강한 화력을 앞세워 우크라이나 전체를 쉽게 손에 넣을 수 있다고 자신한 듯합니다. 하지만 서방의 대규모 군사 지원을 받은 우크라이나군이 강력하게 저항하자 푸틴의 단기전 계획은 어긋나고 말았답니다.

　　전쟁이 3년이 되도록 양측은 일진일퇴를 거듭하고 있어요. 그러는 동안 세계는 미국과 유럽 편에 서서 러시아를 제재하고 우크라이나를 돕느냐, 러시아와 계속 경제관계를 맺으면서 전쟁을 지켜보느냐 사이에서 둘로 갈라져버렸죠. 2024년 가을에는 북한이 러시아를 돕기 위해 파병한 사실이 알려지면서 더 이상 이 전쟁은 '남의 일'이 아니게 되어버렸고 한국에서도 큰 논쟁거리가 되었답니다. 미국 대선에서 "더 이상 우크라이나를 지원하지 않겠다"고 주장해온 공화당의 도널드 트럼프가 승리하고 유럽도 우크라이나 난민들을 받는 것을 점점 부담스러워하는 상황이 됐죠.

높아지는 핵전쟁 공포

세계 최대 핵탄두 보유국인 러시아는 2023년 6월 우크라이나와 이웃한 벨라루스에 전술 핵무기 첫 인도분 배치 작업을 마쳤습니다. 벨라루스는 소련으로부터 독립한 이래로 알렉산드르 루카셴코 대통령이 장기 집권하고 있는 국가예요. 한때 서방과 협력하기도 했던 루카셴코는 독재가 길어지면서 자국민들의 저항에 부딪히자 러시아 쪽으로 돌아섰습니다. 그는 러시아군의 자국 주둔을 다시 허용하면서 핵무기까지 배치하도록 하는 내용의 개헌을 추진했어요. 개헌안은 우크라이나 전쟁이 시작되자마자 벨라루스 의회에서 통과됐고, 러시아의 전술핵 배치가 실제로 이뤄졌지요. 러시아의 핵무기가 해외에 배치된 것은 27년 만이랍니다.

푸틴은 우크라이나 전쟁을 시작한 이후 고비가 생길 때마다 핵무기를 사용할 수 있다고 위협했어요. 2022년 말

러시아 서남부 국경 근처 공항이 우크라이나 드론의 공격을 받자, 그는 "핵무기를 방어 수단이자 잠재적 반격 수단으로 간주한다"고 말했습니다. 이듬해 10월에는 신형 핵추진 대륙간 순항미사일 부레베스트닉9M730 Burevestnik의 시험 발사에 성공했습니다. 차세대 핵무기인 대륙간 탄도미사일 사르마트RS-28 Sarmat 시스템을 거의 완성했다고 자랑하기도 했지요.

그런가 하면 핵실험 가능성도 과시하고 있어요. 푸틴은 2023년 11월 포괄적핵실험금지조약CTBT 비준 철회 법안에 서명했습니다. 이로써 러시아가 소련 시절인 1990년 이후 30여 년 만에 다시 핵실험에 나설 우려가 커지고 있어요. CTBT는 1996년 유엔 총회 결의에 따라 마련된 국제 핵 비확산 체제의 여러 안전장치 가운데 하나예요. 지상과 수중, 지하 등 모든 곳에서 핵폭발 실험을 금지하는 것이 핵심입니다.

이 조약은 공식적으로 핵무기를 보유한 미국, 러시아, 영국, 프랑스, 중국 5개국을 비롯해 원자력발전 기술 등을 보유한 44개국이 서명과 비준까지 마쳐야 발효됩니다. 44개국 중 미국과 중국, 인도 등 8개국은 아직도 비준하지 않

2022년 5월 9일 러시아 모스크바에서 열린 승전 기념일 행사에 등장한 대륙간 탄도미사일 야르스RS-24 Yars. 이 미사일은 10기 이상의 핵무기를 탑재할 수 있다고 추정한다. 푸틴은 우크라이나를 공격한 뒤 핵무기를 사용할 수 있다며 위협했다.

고 있는데, 러시아가 비준을 철회함으로써 비준하지 않은 국가가 9개국으로 늘었어요. 북한은 서명과 비준 모두를 거부하고 있습니다. 푸틴은 비준을 철회해도 조약에 서명은 한 국가로서 먼저 핵실험을 하지는 않을 것이라고 강조하면서도, 미국이 먼저 핵실험을 한다면 러시아도 핵실험을 할 것이라는 경고를 잊지 않았어요.

우크라이나는 핵과 인연이 깊은 국가입니다. 소련으

로부터 독립하기 전 우크라이나에는 176개의 핵미사일과 1800여 기의 핵탄두가 배치돼 있었어요. 이 같은 보유량은 당시 세계 3위 수준이었지요. 우크라이나 정부는 핵무기를 러시아에 돌려주고 그 대신 경제 지원과 안전을 보장받는 것을 골자로 한 '부다페스트 각서'에 1994년 12월 서명했습니다. 서명국은 소련 시절부터 핵무기를 가지고 있었던 우크라이나와 벨라루스, 카자흐스탄 등 3개국과 러시아, 미국, 영국입니다. 이에 따라 옛 소련권 세 나라는 2년 뒤 비핵화 작업을 마무리했어요.

그렇다면 전 세계적으로 존재하는 핵무기는 얼마나 될까요? 1986년 약 7만 300개로 정점을 찍었던 세계의 핵무기 수는 1990년대 냉전 종식 이후 크게 줄기는 했답니다. 미국과학자연맹Federation of American Scientists, FAS에 따르면 2023년 초를 기준으로 9개국이 약 1만 2500개의 핵탄두를 보유하고 있다고 해요.

이 중에서 미국과 러시아가 보유한 것이 전체의 약 89퍼센트나 됩니다. 러시아가 5889개로 미국의 5244개보다 조금 많지요. 중국은 400~500개, 프랑스 290개, 영국 225개 순이에요. 이밖에 파키스탄 170개, 인도 164개, 이스라엘이 90개를 가지고 있다고 합니다. 북한은 30개 정도를 가지고 있는 것으로 추정합니다.

과학자들과 무기 전문가들은 전체 핵무기 '재고'가 줄어드는 상황에서도 작전 부대에 배치된 탄두 숫자가 늘고 있는 것에 우려를 나타냅니다. 미국과학자연맹에 따르면 1만 2500개의 핵탄두 중 9576개가 미사일, 항공기, 선박, 잠수함에서 사용하기 위해 군 비축용으로 보관돼 있다고 해요.

'사용 가능'한 9576개 중 미사일이나 폭격기 기지에 배치된, 즉 작전 병력에 포함된 것은 3804개입니다. 이 가운데 약 2000개는 미국, 러시아, 영국, 프랑스가 유사시 언제라도 쓸 수 있도록 '고도의 경계high alert' 상태로 배치해놓고 있지요. 게다가 핵 보유국 모두 핵무기를 현대화하는 데 주력하고 있고, 일부는 새로운 유형을 추가하거나 국가안보전략에서 핵무기의 역할을 강화하고 있습니다.

우크라이나 전쟁으로 대립하고 있는 미국과 러시아는 2023년 2월 '신전략무기감축협정New START Treaty' 참여도 중단해버렸지요. 2010년 체결한 이 협정은 양국 핵탄두와 운반체를 일정 수 이하로 감축하고 쌍방 간 핵시설을 주기적으로 사찰하는 내용을 담고 있습니다. 양대 핵무기 국가의 핵무기 감축을 위한 가장 핵심적인 협정이죠. 도널드 트럼프 행정부 때인 2019년 미국 정부가 러시아의 조약 위반을 이유로 '중거리핵전력조약'에서 공식 탈퇴한 이후 두 나라 간에 남아 있던 거의 유일한 핵 감축 협정이었다고 할 수 있어요.

이 협정은 2026년 2월 만료될 예정입니다. 협정을 연장하기 위해 미국과 러시아 양국이 논의했으나, 러시아가 서방의 우크라이나 군사 지원을 걸고넘어지면서 회의를 일방적으로 연기해 추가 협상이 지지부진했습니다. 그러다가 전쟁이 발발하고 러시아가 아예 참여 중단을 선언해버리면서 협정 자체가 휴지조각이 되고 말았습니다.

코미디언에서 대통령,
전쟁 영웅이 된 젤렌스키

우크라이나 전쟁이 발발했을 당시만 하더라도 많은 사람은 볼로디미르 젤렌스키 대통령이 대국 러시아의 푸틴 대통령에게 과연 맞설 수 있을지 의구심을 가졌던 것이 사실입니다. 푸틴은 1999년부터 지금까지 무려 25년 가까이 총리와 대통령으로서 러시아를 이끌어온 세계적인 지도자니까요.

그에 비해 젤렌스키는 2019년에 대통령에 당선되기 전까지는 국제사회에 거의 알려지지 않은 인물이었어요. 정치, 외교 경험은 푸틴과 비교할 바가 아니었지요. 하지만 젤렌스키는 전쟁이 터지자 예상보다 강력한 리더십으로 위기에 처한 우크라이나를 이끌어 '전쟁 영웅', '전시 리더'로 거듭났다는 평가를 받았답니다.

러시아가 전격적으로 우크라이나를 공습한 날, 전 세계의 관심은 젤렌스키에게 쏠렸습니다. 그가 해외로 피신했다는 소문도 돌았지요. 하지만 소셜미디어에 1분이 채 안 되는 짧은 동영상이 떴어요. 영상의 주인공은 젤렌스키. 그는 단호한 표정으로 카메라를 노려보며 이렇게 말했습니다. "저는 여기 수도 키이우에 있습니다. 우리는 무기를 내려놓지 않고 나라를 지킬 것입니다." 이후 젤렌스키는 전투복 차림으로 격전시 곳곳을 찾으며 항전을 이끌었답니다.

2022년 3월 미국 의회를 상대로 한 화상연설에서 젤렌스키는 "러시아는 단지 우리를, 우리 땅과 도시만을 공격하는 게 아닙니다. 우리의 가치, 기본적인 인간의 가치를 잔혹하게 공격하고 있습니다. 그는 우리의 자유에 탱크와 항공기를 투입했습니다"라고 역설했어요. 뒤이어 "미국인 당신들의 위대한 역사에는 우크라이나인을 이해할 수 있는 페이지가 있습니다. 진주만을, 1941년 12월 7일 하늘이 당신을 공격하는 항공기로 새까맣게 물들었던 끔찍한 아침을 기억하십시오"라며 미국 국민을 향해 우크라이나에 대한

우크라이나의 볼로디미르 젤렌스키 대통령. 그는 러시아가 우크라이나를 공격한 뒤 전투복 차림으로 격전지를 찾아다니며 항전을 이끌었다.

지지와 지원을 호소했고요.

　　젤렌스키는 러시아군이 수도 키이우를 날마다 계속 공습하는 상황에서도 "우리는 (키이우) 포기를 단 1초도 생각해본 적이 없습니다"라고 강조했어요. 같은 해 12월에는 미국 의회를 직접 방문해 한 연설에서 "미국이 히틀러를 격퇴했듯이 우리는 푸틴을 격퇴할 것입니다. 우크라이나에 대한 지원은 자선이 아닙니다. 그것은 국제 안보와 민주주의에 대한 투자입니다"라고 역설했답니다.

젤렌스키는 대통령이 되기 전 코미디언, 드라마 제작자 등으로 활동했던 인물입니다. 그는 1978년 유대계 부모 사이에서 태어났는데, 아버지는 대학에서 컴퓨터학을 가르치는 교수이고, 어머니는 엔지니어였다고 해요. 할아버지가 제2차 세계대전 당시 나치 독일에 맞서 싸우다가 전사했고, 친척 중 일부는 홀로코스트에 희생됐다고 합니다.

명문 키이우 국립경제대학에서 경제학과 법학을 전공한 젤렌스키는 해당 분야로 진출하는 대신 10대 때부터 열정을 가지고 있던 코미디 연기자의 길을 택했습니다. 1997년 코미디 경연대회에서 우승히머 코미디언이 된 그는 '크바르탈95'라는 창작그룹을 조직해 코미디 작품들을 무대에 올렸고, 우크라이나 국내는 물론 러시아 등 각국에서 공연했습니다. 2003년부터는 TV 드라마와 영화, 예능 프로그램에 꾸준히 출연했습니다. 당시에도 그의 코미디는 정치 비판의 수위가 상당히 높고 노골적이어서 여러 차례 방영 금지 처분을 받았다고 합니다. 2006년 우크라이나판 '댄싱 위드 더 스타'에 참가해 우승한 적도 있지요.

유명하기는 했지만 비교적 평범한 연예인이었던 젤렌스키의 삶은 2015년부터 2019년까지 방송된 〈국민의 일꾼〉이라는 드라마를 계기로 완전히 달라졌습니다. 우크라이나 전체 인구의 절반에 가까운 약 2000만 명이 시청했을 정도로 어마어마한 인기를 끌었던 이 드라마에서 젤렌스키는 평범한 고등학교 역사 담당 선생님에서 대통령이 되는 주인공 역을 맡았어요.

국민의 관심은 자연스럽게 젤렌스키의 정계 진출 여부에 집중됐습니다. 그는 그때마다 부인했지만, 2018년 드라마 출연진 중 일부가 '국민의 일꾼'당을 창당하면서 결국 그 역시 정치인의 길을 걷게 됐어요.

2019년 대선 출마 당시 젤렌스키는 드라마 속 바샤 선생님처럼 부정부패 척결, 친서방 외교 정책, 친러시아 동부 돈바스 지역 갈등 해소 등을 핵심 공약으로 내세웠습니다. 그러나 공약을 실천하기 위한 구체적인 계획이 부족하고, 우크라이나 땅이었던 크림반도를 병합해버린 푸틴 러시아 대통령을 제대로 상대할 수 있겠느냐는 우려가 많았던 것이 사실입니다. 우크라이나 국내는 물론 국제사회의 평가도 크게 다르지 않았어요.

그러나 젤렌스키는 2019년 3월 31일 치러진 1차 투표에서 5대 대통령 페트로 포로셴코를 30.24퍼센트 대

15.95퍼센트로 눌렀습니다. 4월 21일 2차 투표에서는 73.19퍼센트의 지지를 얻어 24.48퍼센트에 머문 포로셴코를 무려 50퍼센트 포인트 가까운 격차로 물리치며 6대 대통령에 당선됐습니다. 당시 그의 나이 41세로, 우크라이나 역사상 최연소 대통령이라는 기록을 세웠어요.

대통령에 취임한 지 3년 만에 러시아의 우크라이나 침공이 현실화됐을 당시 일부에서는 젤렌스키에 대한 비판을 제기했던 것이 사실입니다. 푸틴이 그토록 저지하려는 나토 가입을 추진하는 바람에 침공의 빌미를 줬다는 것입니다. 하지만 젤렌스키의 외교 경험 부족 탓으로만 돌릴 수 없다는 반론도 있습니다. 러시아와 우크라이나의 복잡한 갈등은 분리독립 이후 30년 넘게 이어져왔으며, 결국 전쟁으로 이어질 수밖에 없는 상황이었다는 것이지요.

우크라이나에서는 원래 2024년 3월에 대선이 예정돼 있었는데 선거는 연기됐고 젤렌스키의 임기가 연장됐습니다. 하지만 각료들의 부패 스캔들이 터지는 등 전쟁 속에서 정치적으로도 불안한 상황이에요.

중동부터 아시아까지…
세계 곳곳의 내전들

중동부터 아시아까지…
세계 곳곳의 내전들

이스라엘-팔레스타인 갈등

2023년 10월 7일 토요일 아침, 팔레스타인 가자지구와 이웃한 이스라엘 남부의 한 마을에서 갑자기 2500발 이상의 로켓포탄이 하늘을 뒤덮었습니다. 곧이어 무장한 남성들이 픽업트럭, 오토바이, 패러글라이더 등을 타고 국경 철책을 넘어 이스라엘 쪽으로 쏟아져 들어왔습니다. 이들의 정체는 가자지구를 통치하고 있는 하마스의 대원들이었어요.

하마스 대원들은 마을과 키부츠(집단농장)의 집마다 수색하고, 음악 페스티벌이 열리던 인근 지역 등을 돌아다니며 유대인 주민은 물론 외국인들을 사살하거나 인질로 잡아갔어요. 기습공격 첫날에만 이스라엘에서 수백 명이 사망하고 약 240명이 인질로 잡혀 하마스에 끌려갔습니다.

이스라엘은 즉각 대대적인 반격에 나섰습니다. 개전 19일째인 10월 25일에는 이스라엘 방위군이 가자지구 북부에 진입함으로써 지상전이 시작됐어요. 전쟁이 시작된 지 한 달이 채 안 돼 이스라엘과 팔레스타인에서는 1만 명이 훌쩍 넘는 사망자가 발생했습니다.

전쟁이 1년을 넘기면서 팔레스타인 쪽 사망자는 4만 5000명이 넘었습니다. 특히 아이들이 많이 희생돼 유엔에서는 "이 전쟁은 아이들에 대한 전쟁이다"라고까지 했지요. 이스라엘군이 가자지구의 난민들에게 가야 할 약품과 식량 차량들까지 막아서 뼈만 앙상하게 남은 채 말 그대로 '굶어 죽어가는' 팔레스타인 아이들의 사진이 공개돼 세계에 충격을 안겨주기도 했습니다.

게다가 이스라엘은 이웃한 시리아, 레바논, 그리고 저 멀리 걸프(페르시아만) 건너편에 있는 이란까지 공격하면서 전쟁을 확대하고 있습니다. 처음에 미국 정부와 서방 언론들은 이 전쟁을 '이스라엘-하마스' 전쟁으로 부르면서 팔레스타인의 보통 사람들을 겨냥한 공격이 아니라 무장정파 하마스를 '소탕'하기 위한 것임을 강조했죠. 하지만 이스라엘이 전선을 넓히면서, 중동 전역을 전쟁의 소용돌이 속으로 몰아갈지 모른다는 공포가 커졌습니다.

이 모든 혼란의 중심에 있는 이스라엘과 팔레스타인의 갈등은 언제 어떻게 시작됐을까요? 하마스는 어떤 조직이며 왜 이스라엘과 싸우고 있는 걸까요?

유대 민족국가의 탄생

70년 넘게 계속되고 있는 이스라엘과 팔레스타인 간의 갈등은 1948년 5월 14일 중동의 팔레스타인 땅에 '유대인의 나라'가 세워지면서 시작됐습니다. 당시 140만 명의 팔레스타인인들이 살던 집에서 쫓겨나 국내 난민이 되거나 요르단, 레바논 등 인접국으로 넘어가 난민촌에서 생활해야만 했어요. 세계 곳곳에 흩어져 있는 총난민 수는 현재 500만 명이 넘는 것으로 추정되고 있습니다.

그렇다면 유대인들은 애당초 왜 나라를 잃어버렸던

1897년 스위스 바젤에서 열린 제1차 시온주의자 회의. 가운데 악수하는
이 중 왼쪽이 테오도르 헤르츨이다.

것일까요? 팔레스타인에 있던 유대 국가는 서기 70년 로마
군의 예루살렘 함락으로 멸망했습니다. 유대 국가의 멸망
으로 유대인들은 세계 곳곳으로 흩어져야만 했는데, 이를
'디아스포라Diaspora'라고 합니다. 그리스어로 '흩뿌리다'란
뜻인 이 단어는 특정 민족이 자의나 타의로 기존에 살던 땅
을 떠나 다른 지역으로 이동해 집단을 형성하는 것을 의미
합니다. 일반적으로는 유대 민족의 이산離散을 가리킵니다.

　　유대 민족의 국가를 다시 세워야겠다는 움직임은 19
세기 말 유럽에서 본격적으로 시작됐어요. 헝가리의 유대계 언론인 테오도르 헤르츨이 1896년 출간한 『유대 국가: 유대인 문제의 현대적 해결 시도』라는 책이 큰 반향을 일으키면서 구체화됐습니다. 헤르츨은 1897년 스위스 바젤에서 1차 시온주의자 총회를 열어 "팔레스타인에 국제법으로 보장되는 유대인의 조국을 건설한다"는 선언을 이끌어냈어요. 시온주의는 팔레스타인에 유대인 국가를 건설하는 것을 목적으로 한 민족주의 운동이에요.

이 같은 움직임 속에서 유럽에 살고 있던 유대인의 상당수가 실제로 팔레스타인으로 이주하기 시작했습니다. 당시 팔레스타인은 오스만제국의 땅이었습니다. 합법적으로 땅을 구매해 정착한 유대인들의 숫자가 점점 늘어나면서 갈등이 악화됐다고 해요.

하지만 오늘날까지 이어지고 있는 이스라엘-팔레스타인 갈등에서 영국은 역사적 책임을 피하기 어렵습니다. 발단은 1903년 러시아에서 벌어진 대대적인 유대인 탄압이었죠. 견디다 못한 유대인들이 러시아를 빠져나와 유럽 각국과 미국으로 이주하면서, 새로운 유대 국가를 세우자는 움직임이 구체화됐습니다. 하지만 별다른 성과가 없다가 1914년 제1차 세계대전이 터졌습니다.

전쟁을 치를 돈이 몹시 필요했던 영국의 아서 밸푸어 외무장관은 유럽 최대 금융 부호인 유대계 라이어널 월터 로스차일드 백작에게 편지를 보냈습니다. 밸푸어는 편지에서 "영국 정부는 유대 민족을 위한 '민족적 고향national home'을 팔레스타인에 수립하는 것을 적극 찬성하며, 이러한 목적을 실현하기 위해 최선의 노력을 기울이겠다. 그로 인해 팔레스타인에 현존하고 있는 비유대인 사회의 시민권과 종교의 권리, 그리고 다른 국가에서 유대인들이 누리는 권리나 정치적 지위가 전혀 침해되지 않을 것으로 확실하게 믿는다"고 약속했습니다. 유대 민족의 오랜 염원을 이뤄 주겠다고 약속한 이 편지를 일명 '밸푸어 선언'이라고 해요.

문제는 이 약속이 중동의 아랍 민족들과 한 약속과 완전히 반대였다는 점이에요. 1915~1916년 영국은 이집트 주재 고등 판무관 헨리 맥마흔을 통해 아랍의 지도자 후세인에게 여러 차례 서한을 보내, 독일 편에 선 오스만제국에 맞서 싸워 승리하면 독립시켜 주겠다고 약속했어요. 팔레스타인 지역에 아랍 국가를 세우는 것을 지지한다는 약속도 했죠. 이것을 '맥마흔 서한' 또는 '맥마흔-후세인 서한'이라고 부릅니다. 결국 영국은 자국의 이익을 위해 이처럼 앞뒤가 다른 말을 하면서 두 민족을 이간질했고, 오늘날 이스라엘과 팔레스타인이 갈등하는 원인을 제공했답니다.

제1차 세계대전에서 승리한 영국은 프랑스 등 승전국들과 오스만제국의 영토를 자기네 입맛에 맞게 분할 점령했고, 팔레스타인 땅을 위임통치령으로 차지했어요. 제2차 세계대전이 연합국의 승리로 끝난 지 2년 뒤인 1947년 11월, 유엔은 팔레스타인을 쪼개 아랍 국가와 유대인 국가를 각각 세우는 결의안을 채택했습니다. 당연히 유대인들은 환영했고, 팔레스타인인들은 격렬히 반대했지요. 이스라엘은 1948년 5월 14일 아랍권의 반대에도 불구하고 전격적으로 건국을 선포했습니다.

네 번의 중동 전쟁과 '두 국가 해법'

이스라엘이 독립을 선언한 다음날 이집트 등 아랍 국

가들이 이스라엘을 공격하면서 1차 중동 전쟁(또는 이스라엘 독립 전쟁)이 시작됐어요. 결과는 미국의 지원을 받은 이스라엘의 승리였습니다.

이스라엘은 1956년 이집트가 전격적으로 수에즈운하 국유화를 선언한 후 영국-프랑스-이스라엘이 동맹을 맺고 이집트를 공격해 일어난 2차 중동 전쟁, 1967년 이집트, 요르단, 시리아, 레바논을 상대로 6일 만에 대승을 거둬 동예루살렘과 골란고원 등을 차지한 3차 중동 전쟁(또는 6일 전쟁), 1973년 이집트와 시리아가 주축이 된 아랍 연합군에 맞서 이스라엘이 승리한 4차 중동 전쟁(또는 욤 키푸르 전쟁)에서 모두 승리를 거뒀습니다.

이 중 3차 중동 전쟁은 지금까지도 이어지는 중동 분쟁의 뿌리로 여겨지고 있어요. 이스라엘은 이집트로부터 가자지구와 시나이반도를, 요르단으로부터 동예루살렘과 요르단강 서안지구를, 시리아로부터 골란고원을 획득했습니다. 이후 시나이반도는 이집트에 돌려줬지만 서안지구와 골란고원 일부는 여전히 사실상 불법 점령하고 있고, 요르단강 서안에 있는 동예루살렘을 포함한 예루살렘 전체를 자국의 수도라고 주장하고 있답니다.

1977년 11월 지미 카터 미국 대통령의 중재로 이스라엘의 메나헴 베긴 총리와 이집트의 안와르 사다트 대통령이 양국의 관계 회복을 골자로 한 '캠프 데이비드 협정'을 체결했습니다. 이 협정으로 오랜 세월 반목했던 이스라엘과 이집트, 더 나아가 유대와 아랍 사이에 표면적으로나마 평화적인 분위기가 조성됐습니다. 하지만 1981년 10월 6일 사다트가 이슬람 근본주의자의 총에 암살당하면서 상황은 급변했지요. 게다가 이스라엘이 가자지구와 요르단강 서안, 골란고원 등을 계속 점령해 아랍권과의 갈등은 더욱 악화됐습니다.

　　1993년 이스라엘의 이츠하크 라빈 총리와 팔레스타인해방기구PLO의 야세르 아라파트 의장은 빌 클린턴 미국 대통령의 중재로 오슬로 평화협정을 통해 '두 국가 해법'에 전격 합의했습니다. 요르단강 서안과 가자지구를 팔레스타인 자치정부 영토로, 나머지는 이스라엘 영토로 인정해 두 국가가 공존할 수 있도록 한 것이 이 협정의 핵심이지요. 예루살렘 지역은 동예루살렘과 서예루살렘을 나눠, 서쪽은 이스라엘 영유권을 인정해주고 동쪽은 팔레스타인의 영유권을 보장하기로 했고요. 1964년 팔레스타인 독립국가 건설을 목표로 PLO를 만들어 무력투쟁을 해온 아라파트는 1996년 1월 20일 압도적인 지지로 팔레스타인 자치정부 수반으로 선출됐습니다.

그러나 오슬로 평화협정 체결 이후에도 이-팔 갈등은 크게 개선되지 못했어요. 이스라엘은 요르단강 서안에서 유대인 정착촌을 꾸준히 확대했고, 정착촌들을 잇는 콘크리트 분리 장벽을 세워 영토를 굳히는 작업을 계속했습니다. 두 나라 사이에는 크고 작은 무력 충돌이 이어졌답니다.

둘로 나뉜 팔레스타인

팔레스타인은 이스라엘 동쪽의 서안지구와 서남쪽 귀퉁이의 가자지구로 나뉘어 있어요. 가자는 '지구strip'라는 영어 단어에서 보듯, 좁고 긴 사각형이 비스듬히 기울어진 모양입니다. 세로 길이는 약 41킬로미터이지만, 가로 폭은

이스라엘이 가자지구를 봉쇄하기 위해 세운 장벽.

6~12킬로미터밖에 되지 않아요. 약 182만 명이 살고 있는 가자지구는 세계에서 인구 밀집도가 가장 높은 곳이기도 하죠.

문제는 이 좁고 긴 땅의 동서남북이 이스라엘에 의해 완벽하게 봉쇄돼 있다는 점입니다. 북쪽, 동쪽, 남쪽 등 이스라엘 땅과 인접한 내륙에는 8미터가 넘는 높은 콘크리트와 철조망 장벽이 둘러쳐져 있어요. 지중해와 맞대고 있는 서쪽 역시 마찬가지입니다. 이스라엘 해군은 가자의 배가 바다로 나가는 것은 물론이고, 외국의 배 역시 가자 항구로 들어갈 수 없도록 막고 있습니다.

지난 2010년 이스라엘 해군은 터키 등 20개국 인권 운동가들로 이뤄진 국제 구호 선단이 가자 주민들에게 생필품과 의약품을 전달하기 위해 해상봉쇄를 뚫으려 하자 총탄을 퍼부으며 막았습니다. 이 과정에서 배에 타고 있던 10여 명이 목숨을 잃기까지 했어요. 그래서 가자지구는 '지붕 없는 감옥', '세계에서 가장 큰 덫'으로 불립니다.

이스라엘이 가자지구를 봉쇄하는 이유는 무장정파인 하마스를 뿌리 뽑기 위해서예요. 하마스는 2007년 온건파인 파타를 몰아내고 가자지구를 장악했습니다. 이스라엘은 2008년 12월에도 가자지구에 대한 대규모 침공 작전을 전개해, 팔레스타인인 1400여 명을 숨지게 하고 주택과 건물 등을 초토화했습니다.

하마스의 탄생은 팔레스타인 민중들의 저항운동인 '인티파다Intifada'와 밀접한 연관이 있어요. 인티파다는 아랍어로 '봉기', '반란'이라는 뜻입니다. 인티파다는 1987년 가자지구에서 시작돼 1993년까지 팔레스타인 전역으로 확대됐습니다. 이를 1차 인티파다라고 하고, 200~2005년 일어난 봉기를 2차 인티파다라고 해요.

하마스는 1987년 아흐메드 야신이 창설한 조직입니다. '하마스'라는 단어는 '하라캇 알 무카와마 알 이슬라미야'라는 이슬람 저항운동을 뜻하는 아랍어의 약어랍니다. 팔레스타인 자치정부가 요르단강 서안지구에 근거지를 두고 있는 것과 달리, 하마스는 가자지구에 근거를 두고 있어요. 하마스는 1993년 이스라엘과 팔레스타인해방기구PLO 사이의 평화협정인 오슬로협정에 반대했습니다. 하마스는 이스라엘을 인정하는 팔레스타인 자치정부가 평화 계획에 여러 차례 실패했다는 점을 들어 자신들을 대안으로 내세웠고, 가자지구뿐 아니라 서안지구 주민들로부터도 상당한 지지를 받았답니다.

2006년 팔레스타인 자치의회 선거 때 하마스는 정당으로 변신했어요. 그래서 흔히 '무장정파'로 불리기도 해요. 이 선거에서 하마스는 132석 가운데 73석을 차지하며 40년 동안 집권해온 온건파 파타를 누르고 승리함으로써 집권당이 됐어요. 이에 파타당을 비롯해 다른 정당, 정파들은 하마스가 구성하는 통합 정부에 참여하지 않겠다고 반발하고 나섰습니다. 미국 등 서방은 하마스에 이스라엘을 인정하라고 압박을 가했고요.

하마스와 파타는 연정 수립과 붕괴를 반복하다 2007년에는 급기야 내전이라는 최악의 국면을 맞았답니다. 이런 혼란을 겪으며 하마스는 가자지구, 파타는 요르단강 서안지구를 장악하고 상대편을 각각 몰아냈지요. 현재 두 정파는 이스라엘 영토를 사이에 둔 채 팔레스타인을 사실상 분리 통치하고 있어요.

가자지구 자치정부를 이끄는 사람은 이번 전쟁 전까지 이스마일 하니예 총리였어요. 가자지구에서 태어나 1차 인티파다에 참여했고 이스라엘의 핍박을 받아온 사람이죠. 하니예는 2024년 7월 31일 이란 대통령 취임식에 참석했다가 이스라엘에 피살됐어요. 이스라엘은 이번 전쟁을 계기로 하마스를 아예 궤멸시키겠다면서 하니예를 비롯한 하마스 지도자 대부분을 살해했습니다.

요르단강 서안의 자치정부 수반은 마흐무드 압바스입니다. 1935년 영국 위임통치령이었던 팔레스타인 사페드에서 태어난 압바스는 1958년 아라파트와 함께 파타운동을 창설했으며, 아라파트가 PLO 의장을 맡는 동안 오른팔 노릇을 했습니다. 2005년 선거에서 승리해 수반이 된 이후 대이스라엘 무장투쟁 종식을 선언했지요.

압바스는 2006년 총선 이후 가자지구를 기반으로 한 하마스와의 치열한 갈등과 반목을 겪었습니다. 압바스의 현재 위상은 이스마일 하니예가 가자지구 총리를 선언하면서, 라말라를 중심으로 한 요르단강 서안 지역만을 통치하는 반쪽짜리 수반으로 추락한 상태입니다. 2023년 이스라엘과 하마스 간의 전쟁에서도 그는 존재감을 전혀 나타내지 못한다는 비판을 받았답니다.

세계 곳곳의 내전들

바람 잘 날 없는 '3대 종교 성지' 예루살렘

이스라엘과 팔레스타인의 경계에 자리 잡은 예루살렘은 히브리어로 '평화의 도시'라는 뜻입니다. 하지만 현실은 아이러니하게도 바람 잘 날 없는 분쟁의 도시, 유혈의 도시랍니다.

예루살렘이 특별한 이유는 세계 3대 유일신 종교인 기독교, 유대교, 이슬람교의 성지이기 때문이에요. 유대인들에게는 다윗 왕이 통일왕국을 세워 수도로 삼은 곳이자 솔로몬 왕이 최초의 유대교 성전을 세운 곳이며, 구약 성서에서 아브라함이 아들 이삭을 신에게 바치려던 바위가 있는 성스러운 곳입니다. 그러니 기독교 신자들에게도 당연히 성지이지요. 이슬람 신도들에게는 예언자 무함마드가 천사 가브리엘의 인도로 찾아와 승천한 곳이 바로 예루살렘이에요.

'지붕 없는 박물관'으로 불리는 유서 깊은 예루살렘 안에서 유대교, 기독교, 이슬람 성지들이 몰려 있는 구시가지는 팔레스타인 땅이지만 이스라엘이 불법 점령하고 있는 동예루살렘에 있습니다. 구시가지의 면적은 0.9제곱킬로미터에 불과하고 성벽에 둘러싸여 있습니다. 이곳은 무슬림 구역과 기독교인 구역, 유대인 구역, 아르메니아인 구역으로 나뉘어 있어요.

1981년 유네스코는 예루살렘 구시가지를 세계문화유산에 지정했는데, 어느 나라의 유산인지는 밝히지 않은 채 그저 도시명과 함께 '요르단이 제안한 유적'이라고만 표현했답니다. 요르단이 유네스코에 신청한 유적이라는 뜻이에요. 당시 미국은 예루살렘을 이스라엘이 실효 지배하고 있으니 요르단에 신청 자격이 없다고 반대했지만, 유네스코는 요르단의 요청을 승인했습니다.

예루살렘은 이슬람, 유대교, 기독교 모두의 성지인 탓에 늘 갈등과 충돌의 땅이었다. 길 건너에 유대교 성지 통곡의 벽이 있고, 뒤쪽으로 이슬람 성지 알아크사 사원(오른쪽 돔)과 비위돔 사원(왼쪽 돔)이 있다.

예루살렘의 최고 성지는 1982년 이래 '위험에 처한 세계유산' 중 하나로 분류된 템플마운트(성전산)입니다. 아랍어로는 하람 알샤리프라고 하는데, '고귀한 성소'라는 뜻이에요. 이곳에는 사우디의 메카, 메디나의 모스크와 함께 이슬람의 3대 성지 가운데 하나인 알아크사 사원이 있습니다. 그뿐 아니라 솔로몬 왕의 유대교 성전이 세워졌던 곳, 예수의 무덤 위에 세워진 것으로 추정되는 성묘 교회도 있답니다.

예루살렘은 늘 갈등과 충돌의 땅이었고, 수없이 파괴된 후 다시 세워졌습니다. 200년이나 계속된 십자군 전쟁에서 가톨릭과 동방교회, 이슬람 세력이 이 도시를 차지하려고 숱한 피를 뿌렸죠. 예루살렘은 결국 오스만튀르크의 지배를 받게 됐으나, 제1차 세계대전 뒤 오스만튀르크제국이 붕괴하자 영국과 프랑스에 점령됐어요.

이스라엘은 1948년 1차 중동 전쟁 때 예루살렘 서쪽을 점령했고, 이듬해 이곳을 수도로 선포했습니다. 1967년에는 동쪽 지역까지 점령했으며, 1980년에는 동서 예루살렘 전체를 '이스라엘의 영원한 수도'로 선포하는 법률을 발효시켰습니다. 하지만 국제사회는 예루살렘을 이스라엘의 수도로 인정하지 않고 있습니다. 2017년 12월 6일 도널드 트럼프 미국 대통령은 예루살렘을 이스라엘 수도로 인정하고, 텔아비브에 있던 미국 대사관 이전 계획을 공식화해 거센 반발을 샀어요. 이듬해 예루살렘의 미국 대사관이 문을 열자 팔레스타인인들의 저항과 시위가 이어졌지만, 이스라엘은 유혈진압으로 맞섰습니다.

아프리카 수단 내전

중동뿐만 아니라 아프리카에서도 내전의 아픔이 이어지고 있습니다. 대표적인 국가가 바로 수단이지요.

수단은 아프리카 대륙 동북부에 위치한 국가입니다. 위로 이집트와 리비아, 아래로 에티오피아 등 무려 7개 국가로 둘러싸여 있습니다. 나일강을 끼고 있고 전략적 요충지인 홍해에 접해 있어서 지정학적으로 중요한 의미가 있습니다. 수단은 50억 배럴 규모로 추정되는 원유를 비롯해 금과 우라늄 등 막대한 광물 자원을 가지고 있습니다. 그런데도 수십 년간 이어져온 정세 불안 때문에 세계 최빈국이니 '자원의 저주'라는 말이 수단만큼 들어맞는 국가도 없을 것입니다.

20세기에 1차 내전(1955~1972년)과 2차 내전(1982~2005년)이 일어났던 수단에서는 2003년에 또다시 3차 내전이 일어나 수많은 사람이 목숨을 잃었으며 삶의 터전을 버리고 난민이 됐습니다. 특히 준군사조직 신속지원군RSF 무장대원들이 수단 서부 다르푸르의 한 난민촌에서 마살리트족 남성 800~1300명을 색출해 살해하는 만행을 저질렀어요. 과거 이 지역에서 벌어졌던 이른바 '인종 청소' 또는 '인종 말살'의 악몽이 되살아나고 있습니다. RSF는 대부분을 장악한 다르푸르 지역에서 마살리트족을 절멸시킬 의도로 집단학살은 물론이고 납치, 인신매매 등을 자행하고 있는 것으로 전해집니다.

모하메드 함단 다갈로 사령관이 이끄는 아랍계 중심의 RSF는 압델 파타 알부르한 장군의 정부군과 2023년 봄부터 유혈 충돌을 계속하고 있어요. 이로 인해 최소 1만 명 이상이 사망한 것으로 추정됩니다. 내전이 길어지자 금융 시스템이 마비되는 등 수단 경제가 기초부터 파탄 나면서, 물자 공급이 차질을 빚고 식량 가격이 급등해 약 2000만 명이 식량 부족이나 기아에 가까운 상태라고 합니다.

3차 내전은 군부 권력자들 사이의 권력욕에서 비롯됐습니다. 정부군의 1인자인 알부르한 장군과 RSF의 다갈로 장군은 한때 끈끈한 동지 사이였어요. 알부르한 장군은 1960년생으로, 현재 과도주권위원회 위원장직을 맡고 있습니다. 2019년과 2021년에 연이어 쿠데타를 일으켜 권력을 잡은 그는 현재 수단의 실질적인 최고권력자라고 할 수 있어요. 1973년 또는 1974년생으로 알려진 다갈로 사령관은 알부르한이 일으킨 두 차례의 쿠데타 때 RSF를 동원해 지원했고, 그 덕에 과도정부의 2인자가 됐습니다. 이처럼 돈독했던 두 사람의 관계는 민정 이양 절차 등 수단의 정치적 미래를 논의하는 과정에서 틀어지게 됩니다. 한마디로 예전의 동지가 권력 욕심 때문에 원수 사이가 된 것이지요.

주목해야 할 점은 두 사람 모두 수단의 대표적인 분쟁 지역인 다르푸르와 인연이 깊다는 사실입니다. 수단 서쪽에 있는 다르푸르는 이슬람 강경 정책을 펼친 알바시르 독재정부의 비호를 받은 아랍 민병대 무장조직 '잔자위드'가 현지 토착 주민들이 반군을 지원한다는 이유로 마을을 공격해 방화하고, 이 과정에서 수많은 사람을 학살한 곳입니다. 알부르한 장군은 2000년대 초 다르푸르 지역에 부임해 2008년까지 사령관직을 맡았습니다. 다갈로는 당시 민병대 잔자위드 소속이었는데, 알바시르 대통령이 잔자위드를 '신속지원군RSF'이라는 이름의 정규군으로 만들었을 때 지휘관이 됐어요.

비극의 땅 다르푸르

수단 갈등의 뿌리는 아랍계와 비아랍계인 토착 아프리카 부족들 사이의 마찰이라고 할 수 있습니다. 이집트와 가까운 북부는 아랍계가 많고, 남부는 비아랍계가 대부분이에요. 북부 아랍계가 권력을 장악한 데 대해 불만을 품은 남부 비아랍계가 1955년에 일으킨 1차 내전은, 남부에 광범위한 자치권을 주는 아디스아바바협정이 조인됨에 따라 1972년에 끝났어요.

하지만 1983년 가파르 니메이리 당시 대통령이 수단을 이슬람 국가로 선포하고 남수단 자치구를 폐지했습니다. 그러자 남수단 자치권 회복을 목표로 한 반군 수단인민해방군SPLA 사이에 다시 내전이 벌어지게 됐습니다. 이 와중에 오마르 알바시르 육군 대령이 1989년 쿠데타를 일으켜 아메드 알미르가니 대통령과 사디크 알마흐디 총리를 축출하고 정권을 장악했어요.

알바시르는 수단을 이슬람교의 율법인 샤리아에 근거한 이슬람주의 국가로 만들려는 계획을 밀어붙였습니다. 그는 정당 및 정치단체 활동을 금지하고 언론을 검열하는

수단의 독재자였던 오마르 알바시르. 그는 수단을 이슬람주의 국가로 만들기 위해 악명 높은 민병대 잔자위드를 동원해 국민에게 반인도적인 범죄를 자행했다.

한편 자신에게 비판적인 주요 정치인과 언론인을 투옥하고 처형했습니다. 특히 풍부한 자원을 가진 다르푸르를 장악하기 위해 악명 높은 민병대 잔자위드를 동원해 반인도적인 범죄들을 자행했지요. 다르푸르는 '푸르족의 집'이라는 의미를 지녔습니다. 이곳에서는 가뭄 때문에 목초지를 찾아 남쪽으로 내려온 이슬람 신앙을 가진 아랍계 북부 유목 부족들과 푸르족 등 토착 부족 간에 오랫동안 충돌이 이어졌어요.

잔자위드는 아랍어로 '말을 탄 악마들'이라는 뜻입니다. 사람들이 잔자위드를 얼마나 무서워했는지 느껴지지요.

수단에서 잔자위드가 등장한 지는 사실 꽤 오래됐다고 해요. 리비아의 독재자였던 무아마르 카다피가 1970년대부터 아프리카에서 아랍 세력을 확대하려는 목적에서 남동부 국경을 맞대고 있는 수단 북부의 아랍 부족들을 후원했고, 그것이 잔자위드의 조직을 탄생시켰다는 설도 있습니다.

국제사회에서 잔자위드의 가공할 악행이 이목을 끌기 시작한 것은 2003년부터입니다. 이들은 수십만 명의 목숨을 빼앗고, 여성들을 조직적으로 성폭행했을 뿐만 아니라 수백만 명의 난민을 발생시켰습니다. 알바시르는 잔자위드를 내세워 다르푸르의 반정부 세력과 양민들을 학살한 적이 한 번도 없다고 주장했어요. 하지만 국제사회는 이를 기정사실화하고 있습니다.

제2차 세계대전 이후 가장 많은 민간인 사망자를 낸 2차 수단 내전은 2005년 1월 평화협정 체결로 22년 만에 막을 내렸습니다. 2008년 유엔 산하 국제형사재판소(ICC)는 다르푸르에서 일어난 인종 대량학살, 전쟁범죄, 반인륜적 범죄를 자행한 혐의로 알바시르 당시 대통령에게 체포영장을 청구했습니다. 이는 2002년 ICC 창설 이래 처음으로 국가수반을 기소한 첫 사례가 됐지요. 그런데도 권력을 유지하던 알바시르는 2019년 쿠데타로 축출당해 다른 정치범들과 함께 코베르교도소에 수감됐습니다. 그러던 중 3차 내전이 일어나 교도소가 공격당하는 사건이 벌어진 이후 그의 행적은 묘연한 상태입니다.

남수단 10개 주는 2011년 국민투표를 통해 수단에서 분리독립해 아프리카 대륙 54번째 독립국가가 됐습니다. 수도는 주바입니다. 독립 이전부터 계속되어온 수단과의 분쟁은 독립 이후에도 계속돼 한때 전면전 직전까지 치닫기도 했어요. 그래도 어렵게 유지되는 듯했던 평화가 3차 내전 발발로 물거품이 되고 말았습니다.

남아시아의 화약고 카슈미르

아시아의 대표적인 분쟁 지역으로는 카슈미르를 꼽을 수 있습니다. 2023년 4월 인도령 카슈미르의 푼치 지역에서 반군의 총격과 수류탄 공격으로 인도 군인 다섯 명이 사망하는 사건이 벌어졌습니다. 이해 1월에도 반군의 공격으로 주민 여러 명이 목숨을 잃었지요. 2022년 말에는 검문소에서 인도 정부군과 반군 사이에 총격전이 벌어져 반군

네 명이 사살됐습니다.

인도 북부와 파키스탄 북동부에 자리 잡은 카슈미르는 1947년 영국에서 독립한 인도와 파키스탄, 그리고 중국이 서로 영유권을 주장하는 곳이에요. 힌두교 국수주의 성향의 나렌드라 모디 총리 정부의 정책에 반발하는 주민 시위도 자주 발생하고, 독립이나 파키스탄으로의 편입을 요구하는 이슬람 반군의 테러도 잦습니다. 특히 2019년 모디 정부가 인도령 잠무카슈미르의 특별자치권을 폐기하는 대통령령을 발표하면서 긴장과 충돌이 격화돼 2022년 한 해 동안에만 반군 용의자 170여 명과 정부군 26명이 교전 과정에서 숨졌다고 해요.

게다가 인접 국가인 중국도 일부 지역의 영유권을 주장하고 있지요. 2017년 8월에는 양국 군인 사이에 난투극이 벌어지기도 했어요. 그래서 카슈미르는 언제든 터질 수 있는 '남아시아의 화약고'로 불립니다.

카슈미르 분쟁은 1947년 8월 영국령 인도 대륙이 인도와 파키스탄으로 분할·독립될 당시 카슈미르의 귀속이 확정되지 않은 데서 기인합니다. 양국은 몇 차례 전쟁까지 치른 후 지금은 정전 통제선LoC, Line of Control을 맞댄 채 각각 인도령 카슈미르와 파키스탄령 카슈미르를 실효 지배하고 있어요. 인도령 카슈미르는 잠무 카슈미르와 라다크로 구성돼 있고, 파키스탄령은 길기트-발티스탄과 아자드 카슈미르로 이뤄져 있습니다. 아크사이친과 트랜스-카라코람은 중국령에 속합니다.

인도와 파키스탄은 카슈미르 지역에 대한 영유권을 행사할 목적으로 무슬림교도와 힌두교도들의 충돌을 배후에서 지원하면서 세 번의 전쟁(1차 1947~1948년, 2차 1965~1966년, 3차 1971~1972년)을 치렀습니다. 1980년대부터는 인도령 잠무 카슈미르 지역의 분리독립 운동으로 내전의 성격이 가미됐지요.

특히 핵보유국인 인도와 파키스탄은 한때 핵전쟁 직전 상황까지 간 적도 있습니다. 도널드 트럼프 행정부 시절 국무장관을 지낸 마이크 폼페이오는 퇴임 후 발표한 자서전『한 치도 물러서지 말라: 내가 사랑하는 미국을 위한 싸움Never Give an Inch: Fighting for the America I Love』에서, 2019년 2월 인도와 파키스탄이 상대국이 핵무기 폭격을 준비하고 있다고 확신해 이에 대응한 공격을 준비했다고 밝혔습니다. 당시 파키스탄은 공중전 끝에 인도 전투기 두 대를 격추

하고 조종사 한 명을 인질로 잡고 있던 상태였어요. 폼페이오 전 장관은 두 나라의 경쟁 상황이 핵전쟁에 매우 근접해 있었다면서, 자신이 적극적으로 중재해 끔찍한 결과를 막아낼 수 있었다고 주장했습니다.

52년 만에 막 내린 콜롬비아 내전

20세기 중반 중남미의 여러 국가는 군부 독재정권과 극좌 성향의 무장 게릴라조직들 간의 내전에 시달렸습니다. 콜롬비아무장혁명군FARC과 콜롬비아민족해방군ELN, 페루의 빛나는 길Sendero Luminoso, 엘살바도르의 파라분도 마르틴 민족해방전선FMLN, 과테말라민족혁명URNG 등이 대표적인 게릴라조직들이었어요.

중남미에서 이처럼 극좌 게릴라조직들이 생겨난 데에는 빈부 격차의 확대에 따른 갈등 고조 등 내재적인 문제도 있었지만, 무엇보다 미국과 소련 사이 냉전이 큰 영향을 미쳤습니다. 미국은 자국의 앞마당 격인 중남미에서 소련의 영향력을 차단하기 위해 각국에서 쿠데타를 사주하거나 지원하는가 하면 군부독재 정부들에 막대한 군사 원조금을 쏟아부었습니다. 이는 중남미 각국의 반정부 인사들에 대한 탄압과 조직적인 살해 등 국민의 막대한 피해를 초래했습니다. 이에 저항하던 사람들 가운데 극좌 성향의 무장조직들이 정부를 상대로 무력투쟁을 벌이면서 결국 내전으로 이어지게 됐지요.

대표적인 국가가 세계적인 커피 원두 생산지로 손꼽히는 콜롬비아입니다. 남미 대륙 북쪽에 자리 잡은 콜롬비아에서는 1960년대 중반 공산주의 혁명 세력, 토착 농민들이 결합한 무장조직들과 정부군 사이에서 시작된 내전이 2016년 역사적인 평화협정이 체결되기까지 무려 52년 동안이나 계속됐습니다. 이 내전으로 최소 22만 명이 숨지고, 약 4만 명이 실종됐으며, 약 680만 명이 난민이 됐지요.

한때 약 2만 명에 가까운 조직원들을 거느린 거대 게릴라조직 콜롬비아무장혁명군FARC은 군과 경찰을 공격하고 사회 기반 시설을 파괴하는가 하면, 활동 자금 확보를 위해 마약인 코카인 밀매와 인신납치 등을 일삼았습니다. 또 아이비엠IBM, 제록스, 셸 등 외국 기업들을 집중적으로 공격했습니다. 1996년에는 정부군 60명을 납치해 인질 협상을 벌였고, 2002년에는 콜롬비아 대선 후보로 나선 잉그리드

한때 콜롬비아 최대 좌파 반군조직이었던 콜롬비아무장혁명군. 2016년 정부와 평화협정에 서명한 뒤 정치조직으로 탈바꿈했지만, 일부 잔여 세력은 정부와의 협상에 반대하며 무장투쟁을 벌여왔다.

베탕쿠르 상원의원을 납치하기도 했어요. 베탕쿠르는 납치된 지 6년 만인 2008년에 극적으로 구출돼 세계의 큰 관심을 모았죠.

콜롬비아 정부와 FARC는 1982년 첫 평화협상을 시작으로 2002년까지 세 차례나 협상을 시도했으나 합의를 이뤄내는 데는 실패했습니다. 하지만 2010년 중도우파 정당인 우리비스타연합 소속인 후안 마누엘 산토스 대통령이 집권하면서 협상이 재개됐고, 2016년 드디어 평화합의에 성공했어요. 합의문의 핵심은 반군의 무장해제와 사회 복귀, 피랍자 석방, 중범죄자가 아닌 반군의 사면·감형과 정치 참여, 농지 개혁, 마약 밀매 근절 등이었습니다. 이 합의문은 콜롬비아 의회에서 만장일치로 통과하면서 법적 효력을 갖게 됐지요. FARC는 2017년 무장을 완전히 해제하고 정치조직으로 탈바꿈했습니다.

산토스 대통령은 내전을 종식시킨 공로를 인정받아 2016년 노벨 평화상을 수상했습니다. 그는 수상소감에서 "콜롬비아 평화협정은 수많은 편협과 갈등으로 어려움에 부닥친 세계에 희망의 빛"이라면서 조국뿐만 아니라 전 세계에 평화가 찾아오기를 호소했어요.

콜롬비아 내전은 종식됐지만, 무장조직들이 완전히 사라진 것은 아닙니다. 베네수엘라 접경지를 근거지로 삼고 있는 ELN, 무장해제를 거부한 FARC 잔당들이 만든 '중앙총참모부EMC' 등이 여전히 활동하고 있어요. ELN은 2023년 10월 잉글랜드 프로축구 리버풀과 콜롬비아 국가대표팀 공격수 루이스 디아스의 부모를 납치했다가 풀어줘 전 세계의 이목을 집중시키기도 했죠. EMC는 여러 차례 정부와 평화협상을 벌였지만 별 성과를 보지 못하다가 2023

년 10월부터 10개월간 휴전에 합의했습니다.

구스타보 페트로 대통령은 젊은 시절 게릴라조직에서 활동하다 정치인으로 변신해, 2022년 콜롬비아 역사상 최초의 좌파 대통령이 되었습니다. 그는 무장조직들과의 적극적인 대화를 통해 콜롬비아에 완전한 평화를 정착시키기 위해 노력하고 있습니다.

끝나지 않는 전쟁,
아프가니스탄

끝나지 않는 전쟁,
아프가니스탄

알카에다의 공격에 무너진
세계무역센터

2001년 9월 11일 아침, 국제 테러조직 알카에다 조직 원들이 미국의 민간 비행기 네 대를 공중에서 납치해 동시 다발로 테러를 벌였습니다. 오전 8시 46분 비행기 한 대가 뉴욕의 세계무역센터 북쪽 타워에 충돌한 데 이어, 17분 뒤 인 9시 3분에는 또 다른 비행기 한 대가 남쪽 타워에 충돌 했습니다. 110층짜리 쌍둥이 빌딩은 첫 충돌이 벌어진 지 1시간 42분 뒤 무너져 내렸습니다.

오전 9시 37분에는 수도 워싱턴 DC 인근에 있는 국 방부 청사 서쪽 면에 또 다른 비행기가 충돌해 건물 일부가 붕괴됐습니다. 네 번째이자 마지막으로 납치당한 항공기는 오전 10시 3분쯤 펜실베이니아주의 생크스빌 인근 들판에

알카에다 조직원들에게 공중 납치된 비행기가 충돌한 뒤 불길에 휩싸인 뉴욕의 세계무역센터.

추락했습니다. 탑승객들이 테러범들에게 맞서 싸우며 목표물 타격을 방해하던 끝에 비행기가 추락한 것입니다. 이 비행기는 백악관이나 국회의사당을 공격하려 했던 것으로 알려졌습니다.

이날 하루 동안 3000명가량 사망하고 2만 5000명 이상이 부상을 입었으며, 소방관과 경찰 수백 명이 순직했습니다. 세계무역센터에서만 2747명이 목숨을 잃었지요. 세계 테러 역사상 가장 많은 사망자를 낳았던 이 끔찍한 사건이 바로 9·11테러입니다.

테러 발생 직후 곧바로 국제 테러조직 알카에다의 범행 정황이 속속 드러났습니다. 납치범 무리는 총 19명이었어요. 그중 일부는 미국 비행학교에 입학해 비행 훈련을 받은 사람들로, 공중에서 비행기들을 납치해 직접 조종했습니다. 미국 정부는 테러와의 전쟁을 선포했으며, 알카에다 수장 오사마 빈 라덴을 지원하고 은닉하고 있는 아프가니스탄(아프간) 탈레반 정권에게 빈 라덴을 인도하라고 요구했습니다. 탈레반 정권은 이를 거부했고요.

20년 동안 이어진 미-아프간 전쟁

2001년 10월 7일 미국은 결국 탈레반을 몰아내고 빈 라덴과 알카에다 집단을 잡기 위해 아프간을 침공했습니다. 미국의 아프간 전쟁이 시작된 것입니다. 당시만 해도 미국 정부는 이 전쟁이 무려 20년이나 계속되리라고는 상상조차 하지 않았습니다. 개전 두어 달 만에 탈레반 정권을 무너뜨리는 데 성공했기 때문이죠. 하지만 아프간에 평화가 찾아오기는커녕 불안이 이어지는 바람에 미국은 마치 수렁에 빠지듯 전쟁을 끝내지 못하고 계속 끌려 들어가고 말았습니다.

2021년 8월 미국은 드디어 아프간에 있던 병력을 모두 철수했습니다. 20년 동안 이어졌던 미국의 아프가니스탄 전쟁, 미국 역사상 가장 길었던 전쟁이 끝난 것입니다. 이 전쟁으로 아프가니스탄 정부군 6만 6000명과 2400명이 넘는 미군, 4만 7000명이 넘는 아프가니스탄 민간인이 목숨을 잃었으며, 500만 명 이상이 집을 잃고 난민이 됐지요. 미국이 쓴 돈은 무려 1조 달러. 아프간 재건 비용까지 합치면 2조 달러가 넘는다는 주장도 있어요.

이렇게 많은 희생과 비용을 치른 결과는 무엇이었을까요? 미군이 철수하자 아프간 정부는 탈레반의 진격 앞에 속절없이 무너졌습니다. 그동안 미국이 막대한 자원을 투입해 양성한 정부군이 별 저항도 없이 탈레반에 무릎을 꿇으면서, 아프간은 20년 만에 또다시 탈레반의 나라가 됐습

아프가니스탄의 한 언덕에서 경계 근무를 서고 있는 미군들. 2001년 미국은 탈레반을 몰아내기 위해 아프간을 침공했지만, 탈레반 정권이 무너진 뒤에도 전쟁을 끝내지 못하다가 20년 만에 병력을 철수했다.

니다. 미국이 아프간에서 사실상 패전했다는 평가가 나오는 이유입니다.

탈레반은 대체 어떤 조직이며, 어떻게 생겨났을까요? 탈레반은 아프간 공용어인 파슈토어로 '학생'이라는 뜻이에요. 소련군이 아프간에서 철수한 후인 1990년대 초 파키스탄 북부에서 처음 등장했지요. 설립자는 무하마드 오마르. 이름 앞에 '물라mullah'라는 존칭이 붙는데, 이슬람의 법과 교리에 정통한 사람이나 스승을 가리킵니다.

아프간 남부 칸다하르 근교에서 태어난 것으로 알려진 오마르는 파키스탄의 마드라사(이슬람 신학교)에서 공부한 뒤 소련군에 맞서 '무자히딘Mujahideen'으로 싸웠습니다. 무자히딘은 아랍어로 '성전聖戰(지하드)에서 싸우는 사람'을 뜻합니다. 성전의 전사를 표방한 이슬람 근본주의자를 가리키는 지하디스트jihadist와 비슷한 의미예요.

빈라덴과 탈레반 키운 미국의 '돌풍 작전'

아프간 무자히딘은 아이러니하게도 미국의 지원 덕분에 크게 성장했다고 해도 과언이 아닙니다. 1979년 소련이 아프간을 점령하자 미국은 반소련 항쟁에 참여하려는 이슬람권 젊은이들을 적극적으로 도왔어요. 1979년부터 1992

년까지 미국 중앙정보국CIA은 '돌풍 작전Operation Cyclone'이라는 작전명 아래 막대한 돈과 무기를 무자히딘에 쏟아부었죠. 영국 등 서방 국가들과 아랍 국가들, 그리고 산유국의 돈 많은 이슬람주의자들도 지원했는데, 당시 무자히딘 훈련 캠프에 돈을 댄 인물들 가운데 한 명이 바로 훗날 9·11 테러를 일으킨 알카에다를 만든 오사마 빈라덴이었습니다.

빈라덴은 1957년 예멘 출신의 사우디아라비아 사업가 무하마드 빈라덴의 일곱 번째 아들로 태어났습니다. 독실한 이슬람 신자인 아버지의 영향으로 오사마 빈라덴은 이슬람 근본주의에 심취했어요. 그는 소련의 아프간 침공에 충격을 받고, 자금을 모아 파키스탄 등 몇몇 이슬람 국가에 소련군과 맞서 싸울 전사들을 양성하는 훈련 캠프를 세웠어요.

1989년 마침내 소련이 10년 만에 아프간에서 패배해 물러간 뒤 빈라덴은 고국 사우디아라비아로 돌아갔습니다. 하지만 2년 뒤 미국이 쿠웨이트를 침공한 이라크를 공격하며 걸프전을 벌이고, 사우디 정부가 미군 주둔을 허용한 것을 보면서 미국과 미국에 동조하는 국가들을 겨냥한 '성전'을 시작했습니다.

미국과 사우디의 추격에 고국을 떠나 수단에 정착했던 빈라덴은 1996년 봄 아프간으로 이주했어요. 당시 탈레반은 아프간에서 급성장해 수도 카불 점령과 이슬람 국가수립을 눈앞에 두고 있었지요. 빈라덴은 탈레반 정부의 비호 속에 테러 네트워크를 구축했고, 지구 곳곳에서 테러를 벌였습니다.

2001년 12월 탈레반 정권이 무너진 뒤 최고지도자 오마르는 행적이 묘연했다가 2013년 사망했어요. 빈라덴은 그보다 앞서 2011년 5월 파키스탄 아보타바드의 저택에 숨어 있다가 미 해군 특수부대 네이비실Navy SEALs 대원들에게 사살됐습니다. 아보타바드는 파키스탄 수도 이슬라마바드의 북쪽에 있는 인구 12만 명의 도시입니다. 파키스탄 육군사관학교와 육군 2사단의 사단 본부가 있는 군사적 요지이고요. 빈라덴이 살던 집은 보통 가옥보다 여덟 배나 큰 3층 구조의 대주택으로, 육군사관학교에서 불과 1.3킬로미터 떨어져 있었죠. 그는 3년 전부터 가족과 함께 이곳에서 살았던 것으로 알려졌습니다.

버락 오바마 당시 미 대통령은 빈라덴 사살 작전을 성공적으로 마무리한 직후 대국민 연설을 통해 이슬람 전통

오사마 빈라덴 사망 소식을 전하는 2011년 5월 2일자 미국의 『워싱턴 포스트』.

에 맞는 절차를 거쳐 빈라덴 시신을 아라비아해에 수장했다고 공식 발표했어요. 일각에서는 빈라덴이 죽지 않았다, 그의 시신은 수장되지 않았으며 미국 모처에 있다는 등의 루머가 돌기도 했습니다.

하지만 미 정부와 군은 지금까지 빈라덴 시신을 찍은 사진이나 동영상을 일절 공개하지 않고 있습니다. 그 모습이 너무 끔찍해 공개하기에는 부적절하거나, 이슬람권 또는 테러단체들을 자극할 우려가 있기 때문으로 추측됩니다. 매장을 하지 않고 수장한 이유는 그의 묘소가 극단 이슬람주의자들의 '성지'가 될 가능성을 없애기 위해서였어요.

빈라덴의 사망에도 아프간 전쟁은 끝나지 않았습니다. 탈레반은 미군과 다국적군을 상대로 끊임없이 게릴라전을 벌였지요. 2019년 9월 미국은 결국 탈레반과 평화협정 초안에 합의하고, 2021년 5월까지 아프간 주둔 미군을 모두 철수한다는 시간표를 마련했습니다. 이후 철군 시한은 2021년 8월 말까지로 연기됐고, 8월 30일 밤 마지막 C-17 수송기가 하미드 카르자이 국제공항을 이륙하는 깃으로 미군 철수가 완료됐습니다.

'제국의 무덤' 아프가니스탄

64만 7500제곱킬로미터의 면적을 가진 아프간은 동

쪽과 남쪽으로 파키스탄, 서쪽으로 이란, 북쪽으로 투르크메니스탄과 우즈베키스탄, 타지키스탄, 중국과 국경을 맞대고 있습니다. 아프간과 중국 신장을 연결하는 좁고 긴 계곡을 '와한 회랑Wakhan Corridor'이라고 부릅니다. 이 계곡은 수 세기 동안 동아시아, 남아시아, 중앙아시아를 잇는 중요한 무역로 역할을 했어요.

와한이 아프가니스탄에서 툭 튀어나온 형상이 된 것은 영국 때문이에요. 1893년 인도를 식민 통치하던 영국인 모티머 듀랜드와 아프가니스탄의 압두르 라흐만 칸이 영토 구분선을 이 지역에 그었는데, 이를 '듀랜드 라인'이라고 합니다. 이 좁은 지역은 북쪽에서 호시탐탐 아프간 일대를 노리던 러시아제국과 영국제국 사이의 완충지대 역할을 하기도 했어요.

유럽 제국들은 19세기 초부터 아시아를 두고 식민 쟁탈전을 치렀으며, 험난한 내륙 국가 아프간을 차지하기 위해 치열한 경쟁을 벌였습니다. 이러한 제국주의 약탈 전쟁을 일명 '그레이트 게임Great Game'이라고 부르기도 해요. 특히 영국은 인도에 이어 전략적 요충지인 아프간을 점령하려고 시도했어요. 하지만 1839~1841년과 1878~1880

년, 1919년 세 차례의 영국-아프간 전쟁에서 강력한 저항에 부딪혀 패배했습니다. 여기서 아프간은 '점령되지 않는 나라', '제국의 무덤'이라는 말이 생겨났지요.

20세기 들어와 아프간은 다른 제3세계 국가들과 마찬가지로 근대국가 수립과 국가 개혁의 길을 걸었습니다. 모하마드 자히르 샤 국왕 시기 아프간 카불에서 서구식 복장을 한 여성들이 활발히 사회활동을 하는 사진이 탈레반의 권력 탈환 뒤 화제가 된 적도 있어요. 그러나 안정 속에 조금씩 발전을 모색하던 자히르 샤의 40년 통치는 1973년에 끝나고 맙니다. 총리를 지낸 모하마드 다우드 칸이 쿠데타를 일으켜 왕정을 폐지하고 공화국을 수립한 것입니다.

세속주의 개혁 노선을 추구한 다우드 칸의 노선에 이슬람주의자들이 반발해 무장투쟁에 나섰습니다. 이때부터 아프간은 극심한 혼란의 소용돌이에 휩싸였어요. 당초 친소련 성향이었던 다우드 칸 대통령이 자주 노선을 선포하자, 1978년 소련을 추종하는 군 장교들이 쿠데타를 일으켰습니다. 1979년 9월 하피줄라 아민이 다시 쿠데타를 일으켜 권력을 잡았죠. 소련과 미국 사이에서 줄타기하려는 아민의 행보가 못마땅했던 소련은 1979년 12월 아프간 침공을 단행했어요. 이 와중에 아민은 소련군이 쏜 총에 맞아 사망했습니다.

소련은 10만 명이 넘는 병력을 아프간에 투입했지만 승기를 잡는 데 실패했어요. 결국 1988년 5월 철군을 시작해 1989년 2월 빈손으로 아프간을 완전히 떠났습니다. 그러고 얼마 지나지 않아 소련은 해체돼 지구상에서 사라졌지요. 베를린 장벽 붕괴와 독일 통일, 동유럽 공산국가들과 소련 내부에서 일어난 민주화 요구 등 다양한 요인들이 있었습니다. 무엇보다 '소련판 베트남 전쟁'으로 불렸던 아프간 전쟁으로 민심이 떠나버렸고, 막대한 전비로 재정이 휘청거렸던 것 등이 소련의 붕괴에 영향을 미쳤습니다.

돌고 돌아 원점으로

1996년부터 2001년까지 아프간 정부를 1차 탈레반

정권이라고 하고, 2021년부터 현재까지를 2차 탈레반 정권이라고 합니다. 현재 아프간의 최고지도자는 하이바툴라 아훈드자다입니다. 1961년생으로 알려진 그는 2016년부터 탈레반을 이끌어왔다고 해요.

아훈드자다는 2021년 8월 새 정부 구성을 발표한 직후 성명을 내고 "앞으로 아프간의 모든 삶의 문제와 통치 행위는 신성한 샤리아Shariah에 따라 결정될 것"이라고 말했어요. '샤리아'는 '길'이라는 뜻으로, 이슬람 성법聖法이라고도 합니다. 이슬람 경전인 『쿠란』과 선지자 무함마드의 언행을 기록한 『하디스Hadith』에서 비롯된 종교적 규율로, 모든 무슬림이 지켜야 할 삶의 규범을 말하지요.

탈레반은 카불을 장악한 뒤 20년 전과는 다른 '개방적이고 포용적인' 정부를 만들겠다고 약속했어요. 여성의 사회적 역할을 보장하겠다면서 달라진 모습을 보여주기도 했죠. 하지만 이런 약속은 말뿐이었습니다. 여성들에 대한 억압은 날로 심해졌으며, 여성들을 대상으로 한 교육기관과 일터 300여 곳이 강제로 폐쇄되기도 했어요.

2023년 5월 단행된 내각 개편에 따라 마울라위 압둘 카비르가 총리 대행이 됐습니다. 그는 2001년 미군에 축출되기 직전에도 한 차례 총리를 지낸 탈레반 조직의 핵심 인물 가운데 한 명으로 알려져 있습니다.

탈레반 정권이 다시 들어서긴 했지만 정국을 완전히 장악한 것은 아닙니다. 소련 점령 시절부터 아프간 북부에 존속해온 북부동맹Northern Alliance 등 무장조직의 저항이 계속되고 있고, 이슬람국가Islamic State, IS 계열의 극단주의 테러 조직인 '이슬람국가 호라산Islamic State Khorasan, IS-K'도 남아 있습니다. 이들은 2024년 3월 러시아 모스크바의 극장에서 끔찍한 테러 공격을 저질러 140명 가까운 이들의 목숨을 앗아갔습니다.

샤리아법에 억눌린
아프간 여성의 삶

'부르카burqa'란 말을 들어본 적이 있나요? 부르카란

이슬람 여성의 의복 중 하나로, 주로 아프가니스탄의 여성들이 착용합니다. 부르카는 머리부터 발끝까지 몸 전체를 가릴 뿐만 아니라 눈 부분까지 망사로 가려놓은 것이 특징이에요. 이런 옷을 입고 집 밖에서 걷는다고 상상해보세요. 온몸을 치렁치렁한 옷으로 가린 것도 모자라 눈까지 망사로 가렸으니 얼마나 불편하고 답답할까요.

이슬람 경전은 여성이 가족 아닌 사람 앞에서 적절한 옷으로 몸을 가려야 한다고 가르치고 있습니다. 다만 구체적으로 몸의 어디를 얼마나, 어떻게 가릴지는 명시해놓고 있지 않아 같은 이슬람권에서도 국가마다 차이가 있지요. 인도네시아, 이란 등에서는 여성의 머리를 가리는 일종의 스카프인 히잡이 널리 쓰입니다. 몸 전체를 가리지만 얼굴은 내놓는 '차도르'도 있고, 눈 부분만 내놓는 '니캅'도 있어요.

부르카는 이슬람 여성 의복들 가운데 가장 보수적인 형태라고 할 수 있어요. 아프간에서도 원래 부르카를 착용하는 사람이 그리 많지 않았어요. 앞서 언급했던 자히르 샤가 집권할 때는 물론이고, 심지어 소련과의 전쟁 시기에도 여성들의 복장이 자유로웠다고 합니다. 하지만 1996년 1

부르카를 착용하고 아이를 안고 있는 아프가니스탄 여성. 부르카는 머리부터 발끝까지 몸 전체를 비롯해 눈도 망사로 가린다.

차 탈레반 정권이 들어서면서 극단적인 이슬람 원리주의 정책에 따라 부르카 착용이 강제되면서 여성 억압 정책의 상징이 되었습니다.

2001년 1차 탈레반 정권이 무너진 이후 들어선 민선 정부 시기에 내분과 부패가 심했던 것은 사실이에요. 그러나 많은 아프간 국민이 탈레반 정권 시절에 비해 더 개방적이고 더 현대적이고 더 나은 삶을 누릴 수 있었던 것 또한 분명합니다. 2019년 아프간의 15세 이상 여성 취업률은 22퍼센트였어요. 1990년대 탈레반 정권 시절에는 상상하지도 못한 일이었지요. 유네스코에 따르면 1979년 18퍼센트에 불과했던 문자 해독률은 2011년 31퍼센트에서 2018년 43퍼센트로 상승했습니다.

2021년 2차 탈레반 정권이 출범하면서 모든 것이 다시 뒤집혔어요. 가장 눈에 띄는 조치는 여학생들이 학교에 가지 못하게 한 것이었지요. 여성들은 7학년 이상 진학할 수 없고 대학교도 다닐 수 없게 됐어요. 일부 소녀들은 탈레반의 눈을 피해 만들어진 '비밀 교실'에서 공부한다고 합니다. 지하 등 은밀한 장소에 마련된 작은 교실에 모인 여학생들은 군인의 검문을 피해 영어, 수학, 과학, 재봉 기술 등을 배운다고 해요.

여성들의 일자리에도 큰 변화가 일어났습니다. 보건이나 교육 분야 등 몇몇 부문의 여성 공무원을 빼면 대부분 해고됐어요. 탈레반이 아프간 내 비정부기구NGO 단체에서 여성이 일하는 것을 금지해 모든 여성 직원이 일자리를 잃었고, 6만여 명의 여성이 일하고 있던 전국 미용실 영업까지 전면 금지됐지요. 탈레반은 집권하자마자 정부 부처 가운데 여성부를 없애고 '설교와 지침, 미덕을 전파하고 악덕을 예방하기 위한 부처', 이른바 '미덕부'로 바꿨습니다. 2022년 5월 미덕부는 여성들이 머리부터 발끝까지 몸을 가리도록 한 법령을 발표했어요. '부르카의 시대'가 다시 돌아온 것입니다.

아프간 여성들과 인권 운동가들은 국제사회의 압박 말고는 기댈 데가 없다고들 말합니다. 세계은행에 따르면 2차 탈레반 정권 2년 동안 아프간 경제는 25퍼센트나 위축 됐다고 해요. 탈레반 정권은 경제적인 어려움을 타개하기 위해 중국, 카자흐스탄 등 인접 국가들과 회담을 열어 투자를 유치하려 노력하고 있습니다. 원조에 의존할 수밖에 없는 탈레반 정권에 원조국들이 인권을 개선하라는 요구를 해야 하는데, 현재로서는 전망이 어둡습니다. '보편적 인권'을 인정하지 않고 '샤리아법'만을 추종하는 탈레반이 과연 국제사회의 압박을 수용할지 알 수 없기 때문이지요.

극단주의는 왜 생겨나나

2015년 11월 13일, 프랑스 파리 시민들은 금요일 저녁 시간을 느긋하게 즐기고 있었어요. 거리 곳곳의 식당이나 거리에는 가족이나 친구들과 함께 식사하러 나온 사람이 많았고, 프랑스와 독일의 친선 축구 경기가 열리는 경기장 주변에는 축구팬들로 북적거렸지요. 인기 록그룹의 콘서트가 열리는 공연장에서는 많은 젊은이가 신나게 음악을 즐기고 있었어요.

오후 9시가 조금 넘은 시각, 파리 곳곳에서 폭탄테러와 총기난사 사건이 한꺼번에 벌어졌습니다. 평소와 다름없었던 금요일 밤이 한순간에 '공포의 밤'으로 변해버린 것입니다. 범인들은 모두 '이슬람국가IS'라는 조직에 소속된

2015년 11월 13일 테러가 일어난 프랑스 파리에서 한 시민이 희생자들을 추모하고 있다. 이 테러의 범인들은 극단주의 조직 IS 소속인 것으로 밝혀졌다.

것으로 드러났어요. 이들은 공격조를 열 개로 구성해 바타클랑 극장과 시내의 술집, 식당, 생드니의 국립경기장 등을 동시에 공격했어요. 특히 극장에서는 관중들에게 무차별적으로 총을 쏘고 폭탄을 터뜨려 90여 명의 목숨을 앗아갔지요. 불과 몇 시간 만에 테러로 사망한 사람이 무려 130여 명에 달했습니다.

이슬람국가는 2000년대 초반 이라크에서 태동한 이

슬람 극단주의 테러단체 '일신교와 지하드'에 뿌리를 둔 조직입니다. 2011년 시리아 내전이 발발하자 시리아로 거점을 옮겨 시리아와 이라크 등을 장악했습니다. 2013년 4월에는 이른바 '이슬람 칼리프 국가' 수립을 선포하며, 자신들을 '이슬람국가ıs'라고 칭했어요. 칼리프란 아랍어로 '뒤따르는 사람'이라는 뜻이에요. 이슬람교의 창시자인 무함마드의 가르침을 뒤따라 나라를 다스리는 사람 또는 최고 종교 지도자를 가리킵니다. 따라서 칼리프 국가란 이슬람을 철저한 통치이념으로 삼는 국가를 의미합니다.

IS는 인질 참수, 무차별적인 폭탄테러 등을 자행하는 것은 물론이고, 수도 격인 시리아 라카 주민들의 인권을 탄압하며 공포정치를 행했지요. 알카에다와 탈레반보다도 더 잔혹하다는 비판을 받았을 정도예요. 한때 세상을 뒤흔들었던 이들도 시리아 정부군과 튀르키예군, 그리고 미국과 서방의 지원을 받은 시리아 반군들의 맹공격에 밀려 서서히 힘을 잃어, 2019년쯤 군소 테러조직의 하나로 몰락하게 됐어요.

IS와 같이 이슬람주의를 앞세워 타 종교와 문화, 정치 체제를 부정하고 폭력적으로 말살하려는 세력을 '이슬람

2018년 4월 탈레반에게 패배한 뒤 아프가니스탄 정부군에 항복한 IS 조직 원들.

극단주의 조직'이라고 부릅니다. 최근 국제뉴스에 등장하는 테러들 가운데 다수가 이슬람 극단주의 조직이나 이슬람 극단주의자들이 저지른 것이기는 합니다.

하지만 이런 극단주의가 이슬람에 국한된 것은 아니에요. 가톨릭과 개신교에도 극단주의를 표방하는 세력이 있고, 인도에서는 힌두교 극단주의자들이 이슬람교와 기독교 신자들을 겨냥해 테러를 가하고는 합니다. 심지어 살생을 금지하는 불교에도 극단주의자들이 있어요. 대표적인 예가 미얀마 민족주의와 결합한 불교 극단주의자들이지요.

이들은 이슬람을 믿는 소수민족을 학살하고 이슬람 신도가 운영하는 상점 보이콧 운동 같은 각종 반이슬람 캠페인을 주도해 미얀마 내 종교 갈등을 부추기는 핵심 원인으로 지목되고 있어요.

극단주의는 종교에만 있는 것은 아닙니다. 사람이 살아가는 곳 어디에나 극단주의가 있다고 해도 과언이 아니에요. 극단주의는 불평등, 결핍, 갈등 등을 토양으로 삼아 성장합니다. 사실 이슬람 극단주의는 서구와 이슬람권 사이의 오랜 대립과 갈등, 공격과 침탈의 역사 속에서 태어났어요. 독일 민족주의와 인종주의, 전제주의가 결합된 아돌프 히틀러의 나치즘도 1918년 제1차 세계대전 패배 이후 극심한 경제난과 정치적 사회적 불안 속에서 성장했습니다.

그렇다면 과연 우리나라는 극단주의와 무관할까요? 그렇지 않습니다. 중동 지역이나 이슬람 신자들이 많이 살고 있는 서구 국가들보다는 덜해도, 우리나라에서도 기독교와 이슬람 등 타 종교 간의 갈등이 결코 적지 않습니다. 2016~2018년 예멘 출신 난민들이 제주도에 들어왔을 때 일부 국민이 난민들을 잠재적 테러 분자로 취급하면서 반이슬람 캠페인을 펼쳤어요. 2021년 탈레반을 피해 아프가니스탄인들이 '특별기여자' 신분으로 국내에 들어왔을 때도 수만 명이 청와대 국민청원을 통해 '난민을 받지 말라'고 요구했지요.

남성과 여성이 상대방을 배척하는 행태, 약자와 소수자들을 향한 노골적인 혐오와 폭력 등도 극단주의적인 행태라고 할 수 있겠습니다. 권력에 저항하는 사람을 빨갱이로 낙인찍어 탄압한 시절이 있던 것처럼, 정치적으로 생각이 다른 사람들을 무조건 배척하고 공격하는 경향도 갈수록 심해지고 있는 듯합니다.

우리나라뿐만 아니라 전 세계적으로 극단주의가 기승을 부린다는 지적도 있습니다. 소셜미디어의 발달로 가짜뉴스가 빠르게 퍼지고, 다양한 정보를 습득하기보다 본인이 원하는 정보만을 공유하고 재생산하기 쉬워지면서 집단극단화의 가능성과 위험성이 높아지고 있기 때문이지요. 코로나 팬데믹으로 온라인 문화가 전 세계인의 일상에 깊이 뿌리를 내리면서 위와 같은 현상이 더욱 심해졌다는 것입니다.

하지만 인터넷과 소셜미디어 탓만으로 돌릴 수는 없습니다. 칼로 남을 해치는 사람이 있는가 하면, 똑같은 칼로

맛있고 건강에도 좋은 요리를 해내는 사람도 있으니까요. 병든 사회에서는 인터넷과 소셜미디어가 나쁘게 사용될 수 있지만, 건강한 사회에서는 사람들에게 훨씬 더 많은 편리함과 유용한 정보를 제공하는 수단이 될 수 있습니다.

극단주의는 다원성을 존중하는 민주주의 체제 아래에서 보호받으며 성장하지만, 결국 민주주의를 파괴하고 만다는 점에서 항상 경계해야 합니다. 극단주의라는 괴물이 우리를 집어삼키지 못하도록 하려면 어떻게 해야 할까요? 극단주의의 씨앗들을 없애서, 더 살기 좋은 사회를 만들기 위해 우리가 해야 할 일이 무엇인지 함께 고민해봅시다.

4

아랍의 봄과
시리아 내전

아랍의 봄과
시리아 내전

아이들의 낙서에서 시작된 시위

시리아 남부의 작은 도시 다라. 2011년 3월 이 도시의 담벼락에서 정부를 욕하는 낙서가 발견됐습니다. 아이들이 써놓은 것이었지요.

사실 아무것도 아닌 일이었어요. 하지만 시리아에서는 아버지 하피즈 알아사드에 이어 세습 독재를 해온 바샤르 알아사드 대통령이 억압적인 통치를 해오고 있었어요. 아버지가 1971년부터 대통령을 지냈고 2000년에 사망하자 그 아들이 대통령이 됐으니, 부자가 반세기 넘게 권력을 휘둘러온 것이죠.

알아사드 정권은 아이들의 낙서조차 용납하지 않았습니다. 2010년 말부터 아프리카 북부에 있는 튀니지를 시작으로 중동과 북아프리카의 독재정권들에 맞선 시민들의 저항이 거세게 일어나고 있던 때였기에 더더욱 위기감을 느꼈을 것입니다. '아랍의 봄'이라고 부르는 민주화 시위가 시리아로도 번질까 두려워한 알아사드 정권은 아이들을 붙잡아 갔습니다. 낙서를 했다는 죄로 아이들은 처참한 고문을 받았고, 그 사실이 알려지자 다라에서는 대규모 시위가 일어났습니다.

시위는 곧 전국으로 확산했습니다. 알아사드 정권은 시위대를 대거 체포하고 강경 진압과 구금, 고문으로 대응합니다. 급기야 4월이 되자 전국 주요 도시에 군대가 배치돼 시위대에 빌포합니다.

그러나 저항은 가라앉지 않았고, 정부군의 장교들과 병사들 일부가 시위대 편에 섭니다. 튀르키예와 국경을 접하고 있는 북부 지역에서는 시민들이 군대의 무기를 빼앗아 정부군에 맞섭니다. 군 장교들 중에서도 정권을 버리고 시민들 편에 선 이들이 나왔습니다. 반정부 진영에 합류한 장교들은 자유시리아군FSA 결성을 선언합니다. 민주주의를 요구하는 시위가 내전으로 가게 된 것입니다. 반정부 진영은 하나의 세력이나 조직으로 통합돼 있지는 않았지만, 곧 대표를 꾸려 튀르키예 등의 지원을 받으며 '시리아 국민협

시리아 내전 중 알레포의 잔해 사이를 걷고 있는 자유시리아군 병사. 알레포는 시리아에서 가장 큰 도시이다.

의회' 같은 기구를 만들어서 알아사드 정권에 맞선 싸움을 이끌게 되지요.

어떤 지역은 반정부군이 우세했지만 막강한 무력을 가진 정부군과 시민들의 부대가 맞서 싸우면 시민들이 불리할 수밖에 없지요. 수도 다마스쿠스, 시리아에서 가장 큰 도시이자 경제 중심지인 유서 깊은 알레포, 서부의 중심 도시 홈스 등이 정부군의 포화를 맞았습니다.

해가 바뀌어 2012년이 되자 다급해진 정부군은 주택가나 시장을 공격해 여성과 아이들을 비롯한 민간인들을 학살했습니다. 내전이 일어난 지 1년 만에 1만 명 이상이 목숨을 잃었습니다. 유엔이 중재에 나서서 정부군과 반정부군이 휴전하기로 했지만 약속은 지켜지지 않았습니다. 결국 이해 6월 유엔은 "시리아는 내전 상태에 있다"고 공식 선언합니다.

반정부군은 튀르키예와 인접한 시리아 북부에 사령부를 두고 군수품을 공급받았지만, 다마스쿠스와 알레포에서는 정부군과 싸우기에 역부족이었습니다. 이런 도시들에서 정부군은 '통폭탄barrel bomb'이라 불리는 야만적인 무기를 쓰기도 했습니다. 드럼통 안에 폭발 물질과 쇳조각들을 넣고 공중에서 떨어뜨려 터뜨리면 쇳조각들이 산산이 흩어지며 주변에 있던 사람들을 다치게 하죠. 이것을 통폭탄이라고 부릅니다.

혼잡한 시장 골목에 이런 폭탄을 터뜨린 것은 민간인들을 무차별 살상해 정부에 맞서 싸울 의지를 꺾기 위해서였습니다. 유엔과 국제 인권단체들이 거세게 비판했지만, 알아사드 정권은 자신들의 국민을 상대로 이런 짓을 저질렀습니다. 유엔이 2021년 내놓은 보고서에 따르면, 내전 9년 동안 정부군은 무려 8만 2000개의 통폭탄을 퍼부었다

고 해요. 이 때문에 1만 1000명 이상이 숨졌는데, 그 가운데 1800여 명은 아이들이었습니다.[1]

2013년 3년째를 맞은 전쟁은 시민들이 원하지 않던 방향으로 향하기 시작했습니다. '알누스라 전선' 같은 이슬람 극단주의 조직들이 알아사드 정권에 맞선 싸움에 끼어들었거든요. 알아사드 정권은 자국민들을 탄압하면서 이슬람 세력도 함께 억눌러왔습니다. 그런데 내전이 일어나 정부의 힘이 흔들리니 이들이 반알아사드 전쟁에 가담한 것입니다.

이슬람 극단주의 조직들이 바라는 것은 시민들이 원하는 민주주의와 전혀 거리가 먼 국가 체제였습니다. 시민들의 권리, 특히 여성들의 권리를 극도로 억압하는 이슬람 신정神政 국가를 세우겠다는 자들이 끼어들면서 전쟁은 이상하게 변질되어 갔습니다. 극단주의 조직은 심지어 끔찍하게 인체를 훼손하거나 잔혹한 방식으로 살해하는 만행을 저질렀습니다.

화학무기까지 쓴 독재정권

　정부군과 반정부군의 싸움이 벌어지고, 정부를 지지하는 '친정부 민병대'들까지 나서서 주민을 공격하는 일이 이어지면서 인명 피해는 갈수록 커졌습니다. 자유시리아군을 비롯한 반정부 진영과 이슬람 극단 세력에 더해 시리아 내의 소수민족인 쿠르드족도 나서면서 알아사드 정부와 여러 세력이 다투는 상황으로 치달은 것이죠.

　쿠르드족은 자신들만의 나라가 없이 이라크와 튀르키예, 이란, 시리아 등에 흩어져 사는 민족인데, 시리아에서는 알아사드 정권의 탄압을 받아왔습니다. 시리아 북부에 많이 살고 있던 쿠르드족은 강한 의지와 전투력으로 똘똘 뭉쳐 내전 기간에 사실상 자신들의 국가나 다름없는 자치 지역을 만들었지요. 알아사드에 맞서는 한편, 이슬람 극단 세력과의 싸움에서 맹활약한 것도 쿠르드족 무장조직들이었답니다.

다마스쿠스에서 작전을 수행하기 위해 이동하는 시리아 정부군 탱크. 알아사드 정권은 주택가나 시장 등을 공격해 민간인을 학살했으며, 화학무기까지 사용했다.

내전이 시작된 지 3년이 지나자 10만 명 이상이 숨졌습니다. 심지어 정부군은 국제법에서 금지하고 있는 화학무기까지 썼습니다. 2013년 8월 다마스쿠스 외곽의 구타Ghouta 지역에서 화학무기 공격이 벌어져 어린이들을 비롯해 수백 명이 목숨을 잃었습니다.

휴먼라이츠워치Human Rights Watch 같은 국제 인권단체가 조사에 나섰고, 알아사드 정권의 짓으로 보인다는 보고서를 발표했습니다. 하지만 이때 이해할 수 없는 일이 벌어집니다. 유엔 조사단이 들어가서 화학무기 피해 실태를 조사하고 반기문 당시 유엔 사무총장에게 보고서를 제출했습니다. 그런데 화학무기가 쓰였다는 걸 확인해놓고도 누가 썼는지는 보고서에 적지 않았던 것입니다.

핵무기, 화학무기, 생물학무기를 보통 '대량살상무기Weapon of Mass Destruction, WMD'라고 부릅니다. 핵무기의 경우 미국이 제2차 세계대전 때 일본에 투하한 것이 핵무기를 전쟁에 동원한 지금까지 유일한 사례죠. 화학무기와 생물학무기도 간혹 전쟁에 쓰이기는 하지만 민간인들을 무차별 살상하는 것이리 국제법은 엄격하게 금지하고 있습니다.

미국은 '대량살상무기를 보유하거나 보유하려 하는 것, 다른 나라에 확산시키는 것'을 용납하지 않겠다면서 이를 '레드 라인red line(금지선)'이라 부르고는 했지요. 뒤에서 좀 더 자세히 살펴보겠지만, 심지어 있지도 않은 대량살상무기 의혹을 들쑤셔서 이라크를 공격하는 빌미로 삼기도 했고요.

그런데 시리아 내전이 일어났을 때 미국은 아프가니스탄과 이라크 두 곳에서 전쟁을 치르느라 여력이 없었습니다. 당시 미국 버락 오바마 정부는 아프간과 이라크에서

빨리 미군을 빼내는 것에 더 관심이 컸어요. 이전 행정부 때 시작된 두 전쟁이 오래 이어지면서 미국 재정이 거덜 나고 미군의 피해도 너무 커진 탓이었습니다. 어쩌면 시리아 사람들이야말로 외부의 도움이 필요했을 텐데, 미국은 전쟁에 끼어들 뜻이 없었습니다.

물론 미국이 나서는 것이 꼭 옳다고만 볼 수는 없습니다. 그 나라에서 벌어진 일은 그 나라 사람들이 해결하는 것이 맞지요. '주권'의 문제이기도 하고, '민족 자결'의 문제이기도 하니까요. 하지만 어떤 나라의 정권이나 무장 세력이 자국민들을 학살하는 반인도적인 범죄를 저지를 때, 국제사회가 무력을 써서라도 개입해야 하는 상황이 생길 수도 있습니다. 시리아가 바로 그런 사례일 수 있었고요.

그런데 알아사드 정권의 화학무기 공격에 미국도 국제사회도 별다른 대응을 하지 않았습니다. 이런 분위기가 '가해자'를 밝히지 않은 유엔 보고서로 이어졌던 것이었죠. 알아사드 정부가 여러 차례 화학무기를 쓰고 나서야, 2017년 유엔 조사단은 비로소 시리아 정부의 소행임을 확인하는 보고서를 냈습니다.

친알아사드, 반알아사드⋯ 갈라진 국제사회

시리아 내전을 계기로 국제사회는 둘로 갈라졌습니다. 알아사드 정권을 유지하는 것에 관심 있는 진영과 자국민들을 학살하는 알아사드 정권이 물러나야 한다는 쪽으로 나뉜 것이죠.

러시아의 푸틴 대통령은 이전부터 러시아 안의 이슬람 소수민족들이 러시아로부터 분리독립을 하겠다고 할 때 강도 높게 탄압했습니다. '아랍의 봄' 시민혁명이 일어나 중동과 북아프리카의 독재정권들이 흔들리자, 이 지역에서 이슬람 정치 세력들이 기승을 부릴 수 있다며 극도로 경계하는 입장이었고요. 게다가 시리아는 미국과 적대적이었던 반면에 러시아와는 상대적으로 가까운 관계였습니다. 옛 소련 시절부터 이어져온 우호 관계가 있었거든요.

그래서 푸틴 정권은 알아사드 정권 편에 서서 무기를

러시아의 유일한 해외 군사기지인 시리아 라타키아의 공군기지를 방문한 푸틴 대통령. 러시아는 이곳을 사용하는 대신 알아사드 정권에 무기를 공급한다.

내주고 반정부군을 공격하며 적극 끼어들었습니다. 물론 이해관계도 작용했습니다. 시리아 서쪽, 지중해를 끼고 있는 라타키아 항구에 러시아군 기지가 있습니다. 1990년대 초반 소련이 무너지고 여러 나라가 독립했죠. 당시 소련에서 갈라져 나간 국가들 가운데는 여전히 러시아 군사기지가 남아 있는 곳들이 있습니다. 하지만 옛 소련권이 아닌 나라에 러시아가 가진 유일한 해외 군사기지가 바로 라타키아의 기지였습니다.

튀르키예는 튀르키예대로 반정부 진영 가운데 자신들과 친한 쪽을 지원했습니다. 튀르키예는 자신들 영토 안의 쿠르드족이 독립을 주장하려고 하면 몹시 가혹하게 탄압해 왔습니다. 그런 까닭에 시리아의 쿠르드족에게도 매우 적대적이었습니다. 시리아 북쪽에 튀르키예가 있다면, 남서쪽에는 레바논이 있습니다. 이 나라의 무장조직 헤즈볼라는 과거 알아사드 정권의 지원을 받았기 때문에 알아사드 편에 섰습니다. 이렇게 주변 국가들과 여러 세력이 얽히면서 시리아 내전은 말도 못하게 복잡한 상황으로 치달았습니다.

시간이 흐르면서 국제사회의 관심은 시리아 내전 자체나 알아사드 정권의 축출보다 이슬람 극단 세력 문제로 향하게 됩니다. 특히 그렇게 만든 것은 '시리아-레바논 이슬람국가'라고 불리는 조직이 시리아 북부는 물론이고 동쪽 이웃인 이라크의 일부 지역까지 장악한 사건이었습니다.

극단주의와의 싸움이
되어버린 전쟁

2001년 미국에서 사상 초유의 공격을 일으킨 테러조직 알카에다와 관련 있는 극단주의자들이 2000년대 중반 이라크에서 '이라크 알카에다'라는 이름으로 활동한 적이 있습니다. 미국의 침공으로 이라크에서는 2003년 오랜 독재정권이 무너지고 새 정부가 세워졌는데, 이 극단주의자들은 미군과 이라크 새 정부에 맞서 폭탄테러 등 폭력 사태를 일으켰죠.

미군과 이라크 정부의 소탕 작전으로 사라졌나 했는데 난데없이 시리아에서 이들이 불쑥 튀어나왔습니다. 이라크 알카에다로 활동했던 자들과 그 추종자들이 시리아 내전을 틈타 힘을 키웠고, 시리아를 거점 삼아 세력을 늘렸습니다. 급기야 이들은 2014년 이슬람 종교 원리가 지배하는 '이슬람 칼리프 국가'를 수립했다고 선언했습니다.

이들은 '이라크-시리아 이슬람국가ISIS', '이라크-레반트 이슬람국가ISIL' 혹은 줄여서 '이슬람국가IS' 등등 여러 호칭으로 불렸습니다. 한국 언론들은 대체로 IS라고 표기해요. 중동이나 유럽에서는 이들을 국가로 인정하지 않고 테러조직을 지칭하는 아랍어에서 나온 말인 '다이시'라고 부르기도 합니다.

이들은 '국가'를 만들었다면서 자체적으로 여권도 만들고 세금도 걷었습니다. 그러나 세계의 인정을 받지 못한 것은 물론이고, 그 안에 사는 사람들에게는 악몽일 뿐이었습니다. 이라크와 시리아 국경 지대에 살던 소수민족을 살해하고, 여성들을 납치해 성 노예로 삼고, 서방 기자나 구호 활동가들을 납치해 무참히 살해했습니다.

인명 피해도 컸지만 시리아와 이라크의 문화유산들을 파괴한 것 또한 이들이 인류 전체에 저지른 범죄였습니다. 이라크에서부터 시리아로 이어지는 활 모양의 지역은 '비옥한 초승달 지대'라고 불리며, 지구상에서 인류의 문명이 최초로 싹튼 곳입니다. 시리아는 선사 시대부터 로마제국과 비잔틴제국 시대, 오스만튀르크제국 등등 여러 세력이 거쳐 갔어요. 그러다 보니 여러 종교와 문화와 민족이 공존해왔고 수많은 문화유산이 있습니다. 다마스쿠스와 알레포 같은 오래된 도시의 구시가지들은 모두 유네스코 세계문화유산이기도 합니다.

그런데 IS는 2015년 유서 깊은 도시 팔미라에 있는 2000년 된 고대 신전을 폭약으로 폭파하는 등 의도적으로 문화유산을 파괴했습니다. 유적을 지키던 고고학자를 참혹하게 살해하고 이를 자랑하기까지 했지요. 이라크에서도 모술 박물관에 있는 3000년 된 유물들을 부쉈고요.

세계를 떨게 만든 IS 추종자들의 테러

IS 때문에 시리아 내전은 이라크로도 번졌을 뿐 아니라, 곳곳의 극단주의자들이 IS를 추종하며 세계에서 테러 공격을 저지르는 상황으로 이어졌습니다. 2015년과 2016

년 프랑스와 벨기에에서 일어난 대규모 동시다발 테러공격이 대표적입니다. 이런 공격이 세계의 분노를 부르면서, 시리아 내전은 'IS와의 전쟁'으로 바뀌었습니다.

IS가 세계를 상대로 테러를 가하자, 시리아의 민주 세력을 지원하는 일에는 큰 관심이 없던 국제사회가 세계 전체의 위협이 된 IS를 막기 위해 시리아 내전에 개입하게 됐습니다. 미국과 프랑스, 튀르키예, 아랍 국가들 등은 직접 군대를 대규모로 들여보내지는 않았습니다. 하지만 전투기를 보내 공습하거나, 시리아에서 싸우는 반정부 군사조직 가운데 일부를 지원해서 IS와 싸우게 하거나, 그들에게 무기를 공급하는 식으로 개입했습니다. 프랑스는 테러공격을 당한 뒤 시리아 앞바다 지중해로 항공모함을 보내 폭격하기도 했습니다.

러시아는 시종일관 알아사드 정권을 지원했고, 서방은 IS와의 싸움에 집중했으니 알아사드에게는 원래는 적이었던 극단주의 세력이 구세주가 된 셈이었습니다. 극단주의 세력은 오래가지 못했어요. 이라크가 자국 내 IS를 몰아낸 데 이어, 2017년에는 시리아의 반정부군이 IS의 중심지였던 북부 도시 라카(락까)를 탈환했습니다. 근거지를 잃은

IS 세력은 약해지기 시작했습니다. 2019년 10월 미군의 공습으로 IS 우두머리 아부 바크르 알바그다디가 사망하면서 사실상 힘을 잃었습니다.

그래서 시리아 내전은 끝이 났을까요? 2023년 현재 시리아는 더 이상 '전쟁터'는 아니며 전후 재건 작업이 벌어지고 있습니다. 하지만 여전히 시리아인들은 내전의 상처에서 회복되지 않았습니다. 내전이 3년 진행됐을 때 이미 시리아에 있는 모든 병원의 60퍼센트가 파괴됐다는 보도가 나왔습니다. 병원과 학교 들이 무너지고 숱한 이들이 난민이 됐기에, 내전의 상처는 아마도 한 세대 이상에게 영향을 미칠 것입니다. 그리고 무엇보다 시민들이 피 흘리며 몰아내려고 했던 알아사드 정권은 아직 건재합니다.

'아랍의 봄' 그 후

민주주의로 가는 시리아인들의 길은 이토록 멀고도 험하기만 합니다. 아랍의 봄 혁명을 겪은 다른 나라들은 어땠을까요?

혁명의 시발점이었던 튀니지는 민주주의의 길을 가고 있습니다. 반면 북아프리카의 리비아는 내전을 겪었습니다. 리비아에서는 독재자 무아마르 카다피가 40여 년 동안 권력을 휘둘렀습니다. 이웃한 튀니지에서 시작된 시민혁명의 물결이 리비아에서도 일어나더니, 카다피의 정부군과 반정부군의 내전으로 확대됐습니다. 당시 국제사회는 카다피군이 민간인들을 학살하는 것을 막기 위해 무력을 동원했지요. 유엔 안전보장이사회의 승인에 따라 북대서양조약기구(나토) 국가들과 몇몇 중동 국가들이 개입해 리비아인들이 카다피 정권을 몰아내는 것을 도왔습니다. 카다피는 반정부군에게 붙잡혀 사막에서 처형됐고요.

2010년 말부터 튀니지를 시작으로 중동과 북아프리카의 독재정권들에 맞선 시민들의 저항이 거세게 일어났다. 이를 '아랍의 봄'이라고 한다. 튀니지는 혁명 이후 민주주의의 길을 가고 있다.

그러나 그 이후 반정부 진영은 분열됐습니다. 서로 주도권을 잡겠다고 다투며 둘로 갈라진 리비아의 정치 세력을 프랑스, 튀르키예, 아랍에미리트(UAE), 카타르 등등이 각기 나뉘어 밀어주면서 갈등을 부추겼습니다. 그래서 2023년까지도 리비아는 스스로 '정부'라 주장하는 세력이 둘 존재하는 상황이 이어지고 있습니다. 다만 시리아처럼 극한의 내전으로 치닫지는 않았고, 권력을 사실상 나눠 가진 채로 국가가 운영되는 형편이랍니다.

이집트에서는 시민혁명으로 40년 동안 철권통치를 했던 독재자 호스니 무바라크 정권이 무너졌습니다. 그 뒤에 2011년부터 3년 정도 '민선 정부'가 꾸려진 시기가 있었어요. 선거를 통해 이슬람 세력이 집권해서 정부를 꾸렸던 것이지요. 하지만 이들은 민주주의를 바라는 시민들의 뜻을 무시하고 종교적 권위주의로 가려다가 저항에 부딪혔습니다. 그 틈을 타 군부가 사실상의 쿠데타를 일으켰고, 이를 주도한 국방장관 출신의 압델팟티흐 엘시시가 2014년부터 줄곧 집권하고 있습니다.

튀니지, 리비아, 이집트는 아랍계 주민들이 다수여서 아랍국으로 분류하지만, 위치상 아프리카의 북부에 있어요. 아랍의 봄이 번져간 중동 지역의 국가들 가운데 시리아가 겪은 참혹한 내전을 앞에서 설명했는데, 아라비아반도 남쪽에 있는 나라들 가운데 예멘에서도 전쟁이 일어났어요. 하지만 양상은 시리아와 좀 달랐습니다.

예멘에서도 2011년 시민들의 저항 속에 장기 집권자가 쫓겨났습니다. 그러고 나서 압드라부 하디가 집권했지요. 하디는 여러 정치 세력과 권력을 나눠 갖기로 약속했는데 지키지 않았어요. 그래서 갈등이 커졌고, 특히 '후티 Houthi'라고 불리는 세력이 하디에게 거세게 반발했습니다. 여기까지는 예멘 내부의 일입니다.

그런데 사우디아라비아와 아랍에미리트가 2015년부터 예멘을 공격하기 시작했습니다. 두 나라가 이유로 든 것은 후티 반군이 이란과 친하다는 것이었어요. 이란의 지원을 받는 후티를 소탕하기 위해 자신들이 나섰다는 얘기였습니다.

걸프 아랍국들의 만형 역할을 자처해온 사우디아라비아는 페르시아만(아라비아해)을 사이에 두고 이란과 마주하고 있습니다. 이란은 민족적, 언어적으로 아랍과 다릅니다. 페르시아의 후손으로, 파르시(페르시아어)라는 언어를 씁니다. 종교적으로는 같은 이슬람이지만 사우디아라비아나 아랍에미리트 등 대부분의 아랍국들이 이슬람의 종파 중에 다수파인 수니파인 것과 달리, 이란 국민의 절대다수는 시아파에 속합니다.

2023년 중국이 중재해서 사우디아라비아와 이란이 화해하기로 합의하기는 했지만, 그 전까지 아랍국들은 이란과 사이가 아주 나빴어요. 그래서 사우디아라비아가 예멘의 후티를 '이란의 지원을 받는 세력'이라고 비난하면서 공습을 시작한 것이었죠. 남의 나라 내정에 간섭한 명분 없는 공격이었고, 민간인 지역까지 마구잡이로 폭격하는 바람에 주민들 피해가 컸습니다.

내전과 국제전이 결합된 예멘 전쟁으로 지금까지 40만 명가량이 숨졌고 난민이 많이 생겨났지요. 시리아 내전은 세계의 관심이라도 받았지만, 걸프 국가들의 예멘 공격은 무관심 속에 인도적 재앙이 벌어진 그런 사건이었답니다.

세계를 울린 한 장의 사진

전쟁이 오래도록 이어지는 동안 시리아에서는 계속 사람들이 죽어갔을 뿐 아니라, 삶의 터전을 파괴당한 이들이 난민이 되어 집을 떠나야 했습니다. 시리아 안의 다른 지역으로 피한 이들, 즉 국내 난민Internally Displaced Persons, IDPs(국내 유민)도 있었고, 아예 국경을 넘어 다른 나라로 피란길에 오른 이도 많았습니다.

전쟁이 시작됐을 당시 시리아의 인구는 약 2400만 명이었습니다. 그 가운데 1400만 명이 난민이 됐고, 국외로 떠난 난민 숫자가 680만 명에 이르렀다고 해요. 난민들이 옮겨간 나라는 세계의 130여 개국에 이르지만, 특히 시리아와 이웃한 요르단과 튀르키예가 가장 많은 난민을 끌어안았죠. 튀르키예에 있는 시리아 난민만 350만 명에 이르렀을 정도였습니다. 요르단의 자타리라는 곳에는 거대한 난민캠프가 생겨서 천막촌이 사막을 가득 메웠고요.

어떤 난민들은 튀르키예 같은 이웃 나라들을 거쳐서 육로로 국경을 넘거나 지중해를 건너 유럽으로 향했습니다. 그러던 중에 2015년 9월 한 장의 사진이 세계에 충격을 안겼습니다. 튀르키예의 휴양지인 보드룸의 바닷가에서 세 살 아이 아일란 쿠르디의 주검이 발견된 것입니다. 아일란은 형편없는 보트에 몸을 싣고 가족을 따라 지중해를 건너려다가 물에 빠져 숨졌고, 주검이 해안으로 떠밀려 왔습니다. 모래밭에 숨져 있는 세 살 아이의 모습은 시리아 내전의 참혹함을 세상에 알렸고, 세계가 이 참극에 할 말을 잃었습니다. 알자지라 방송은 "이 사진이 세계를 바꾸지 못한다면 무엇이 바꿀 수 있겠는가"라고 했지요.

난민들을 보듬어 안자는 목소리가 커졌고, 유럽에서는 독일이 나서서 난민들을 받아들이기 위한 정책을 제안했습니다. 하지만 유럽인들 가운데 상당수는 난민들이 대거 밀려올지 모른다며 수용을 꺼렸고 '시리아 난민 사태'라 부르는 정치적인 소용돌이가 일어났습니다.

그런데 이거 아시나요. "난민들이 유럽국들처럼 잘사는 나라로만 가려고 한다"는 주장은 가짜 뉴스에 가까운 선동일 뿐이고, 실제 난민들 대부분은 시리아 주변에 머물고 있답니다. 시리아뿐 아니라 내전을 겪은 아프리카나 아시아의 여러 나라 출신 난민들도 '부자 나라'들이 아니라 형편이 비슷한 주변 개발도상국에 머무는 경우가 훨씬 많아요.

유엔난민기구UNHCR의 통계를 보면, 2021년 기준으로 세계에서 난민을 가장 많이 받아들이고 있는 나라는 튀르키예입니다. 시리아 난민을 비롯해 370만 명이 거주하고 있죠. 그다음은 남미의 콜롬비아인데, 난민 174만 명이 머물고 있습니다.

세 번째는 아프리카의 우간다랍니다. 1990년대 아프리카 동부의 르완다에서 내전이 일어났는데, 그때 피해 온 이들을 비롯해 148만 명가량이 이곳에 살고 있어요. 네 번째는 파키스탄으로, 아프간 난민을 비롯해 약 144만 명이 체류 중입니다. 5위는 123만 명을 받아들인 독일이었고, 그다음은 수단, 방글라데시, 레바논 순이었습니다. 이 가운데 이른바 '부자 나라'라고 할 만한 나라는 독일 정도만 눈에 띄네요.

세계를 울린 이 한 장의 사진. 튀르키예의 휴양지인 보드룸의 바닷가에서 발견된 세 살 아이 아일란 쿠르디의 주검.

난민들 가운데는 다른 나라에 정착했거나 정착을 희망하는 사람들도 있지만, 대다수는 고향으로 돌아가기를 원합니다. 그런데 고향의 전쟁이 끝나지 않았거나, 전쟁 뒤에도 불안정이 이어지고 있거나, 혹은 전쟁으로 경제와 교육 환경 등이 파괴되어 고향으로 돌아갈 수 없어서 못 돌아가는 경우가 많은 것일 뿐이에요.

예멘만 해도 사우디아라비아가 공습을 시작한 뒤 인구 2800만 명 중 2200만 명이 외부 도움에 끼니를 의존해야만 하는 상황이 됐고, 24만 명이 나라를 떠나 밖으로 나갔습니다. 사실 그전까지 예멘은 난민을 내보내는 나라가 아니라 밖에서 온 난민을 끌어안고 사는 나라였답니다. 예멘은 홍해라는 좁은 바다를 사이에 두고 아프리카의 소말리아와 마주 보고 있습니다. 소말리아는 내전과 정치적 불안정이 겹쳐 사실상 정부가 제 기능을 못하는 나라거든요. 소말리아에서 도망쳐 예멘으로 간 사람이 28만 명이었습니다. 예멘에서 나온 난민보다 예멘이 받아들인 난민 숫자가 많았던 것이에요.

2015년 이후 생겨난 예멘 난민들은 예멘인들의 잘못이 아니라 사우디아라비아의 공격 때문에 생겨났습니다. 사우디아라비아는 미국산 미사일을 예멘에 퍼부으면서 마을과 병원, 예식장, 학교를 초토화시켰습니다. 이 일을 주도한 것은 사우디아라비아의 실권자인 무함마드 빈 살만 왕세자였습니다. 한국의 에너지기업에 투자했고, 한국에도 몇 번이나 방문했던 사람이죠.

그 사우디 때문에 생겨난 난민 중에서 극히 일부인 460명이 2018년 제주도를 통해 한국에 들어왔습니다. 이들을 둘러싸고 한국에서는 소셜미디어를 중심으로 가짜 뉴스가 퍼졌습니다. 몇몇 언론은 예멘 난민 신청자들을 '잠재적인 테러범'으로 몰아가기까지 했지요.

이들이 먼 나라 섬으로 향하게 만든 전쟁이 한국과 완전히 무관한 것일까요? 사우디아라비아는 석유를 팔아 먹고사는 나라이고, 예멘에 퍼부은 미사일은 석유 팔아 번 돈으로 사들인 무기입니다. 한국이 수입하는 석유의 대략 3분의 1이 사우디아라비아에서 옵니다.

한국은 난민협약 비준국으로, 국제적으로 합의한 난민협약에 따라 난민들을 보호해야 할 의무가 있습니다. 글로벌 사회에서 10위권의 경제 규모를 가진 나라이자 에너지 수입국, 그리고 주요 교역 국가로서 짊어져야 할 윤리적 책임도 있고요. 아랍의 봄에서 시작된 예멘 내전과 난민 사태, 한국과 상관없는 남의 일 같지만 사실 세상은 다 이어져 있음을 보여주는 사례입니다.

세계가 반대한
이라크 전쟁

세계가 반대한
이라크 전쟁

세계 곳곳에서 외친 전쟁 반대

2003년 1월 18일 영하의 추위 속에서 미국 워싱턴의 의사당 앞에 수만 명이 모여 '전쟁 반대'를 외쳤습니다. 미국은 북한이나 이라크 같은 나라들을 당시 '깡패 국가'라면서 비난하고는 했지요. 그러나 이날 시위대가 '깡패 국가'라 부른 것은 북한도 이라크도 이란도 아닌 미국이었고, 자기네 나라를 그렇게 비난한 이들은 다름 아닌 미국 시민들이었습니다.

시위대의 피켓 중에는 '정권 교체Regime Change'라 적힌 것들도 있었습니다. 미국은 그 무렵 이라크의 독재자 사담 후세인을 몰아내야 한다면서 정권 교체를 주장하고 있었어요. 그런데 시위대가 외친 정권 교체의 대상은 조지 W. 부시 당시 미국 대통령이 악마 취급을 하던 후세인이 아니라

2003년 2월 부시 정부의 이라크 공격 계획에 항의하는 미국 시민들.

부시였습니다.

　　그날 프랑스에서는 파리를 비롯한 40개 도시에서 반전 평화시위가 벌어졌습니다. 당시 프랑스는 유엔 안전보장이사회 의장국을 맡고 있었죠. 시위대는 프랑스가 거부권을 행사해 이라크에 대한 군사공격을 막아야 한다고 주장했습니다. 영국에서는 런던 트라팔가 광장에서 수천 명이 반전 집회를 열었으며 노팅엄, 맨체스터, 벨파스트 등지에서 밤새 촛불 시위가 벌어졌습니다. 러시아, 일본, 시리아, 요르단, 이집트, 독일, 스웨덴, 그리고 한국. 세계 곳곳에서 크고 작은 평화집회가 열렸습니다.

1960년대 베트남 전쟁 이래 수십 년 만에 전 세계의 시민들이 미국의 무모한 전쟁 계획에 항의했습니다. 베트남전 때의 시위가 주로 미국과 유럽에 국한됐던 것과 달리 이때의 반전 행동은 '지구적'이었습니다. 곳곳에 깊은 상처를 남긴 이라크 전쟁에 대한 우울한 예언이기도 했습니다.

미국의 거짓말로 시작된 전쟁

2023년 3월 20일로 미국이 이라크를 공격한 지 20년이 됐습니다. 그 전쟁으로 이라크 사람들은 공습과 테러와 무력충돌에 죽어 나갔고, 미국은 빚더미에 앉았습니다. 세계는 분열됐고, 석유 지정학의 핵심인 중동에는 격변이 왔습니다. 호평받는 전쟁이 있을까마는 이라크 전쟁에 대한 세계의 평가는 특히나 냉혹합니다. 인도적인 측면에서는 물론이고 국제정치와 지정학적인 측면, 경제적인 측면, 모든 면에서 이 전쟁은 실패였습니다. 미국이 '이라크 자유 작전Operation Iraq Freedom'이라는 이름을 붙였던 이라크전은 '해서는 안 되었던 전쟁'이었습니다.

이라크를 향한 공격은 애초부터 거짓말로 시작됐습니다. 미국은 2001년 9·11 테러가 발생한 뒤 테러조직 알카에다의 지도자 오사마 빈라덴이 은신해 있던 아프가니스탄을 공격했습니다. 그런데 미국의 '테러와의 전쟁'은 아프간 침공으로만 끝나지 않았습니다. 부시는 집권 첫해에 시작한 아프간 전쟁에 이어, 2년 뒤인 2003년 또 다른 전쟁을 벌이기 시작했습니다. 공격 대상은 12년 전인 1991년 그의 아버지 조지 H. W. 부시가 대통령이던 시절 공격한 적이 있던 이라크였습니다.

그전까지 미국은 중동과 중남미, 아프리카, 아시아의 나라들에서 반미 성향의 정권이 들어서면 그 나라 군부나 반대 세력이 쿠데타를 일으키게 부추기며 간접적으로 정권을 뒤집어엎는 전략을 써왔습니다. 하지만 2003년 부시 행정부는 '직접 개입', 즉 전쟁이라는 수단을 통해 정권을 교체해버리는 쪽으로 방향을 틀었습니다. 이것이 정권 교체,

2003년 3월 19일 저녁 백악관 집무실에서 이라크 자유 작전의 시작을 알리는 연설을 하는 조지 W. 부시 당시 대통령.

혹은 체제 교체 전략이라 불리는 것이었죠.

　목표는 이미 정해놓았고, 필요한 것은 그 명분이었습니다. 당시 부시 행정부 안팎에는 '네오컨 neo-conservatives'이라 불리는 신보수주의자들이 포진해 있었어요. 이들은 이라크의 후세인 정권을 제거하기로 정해놓고 명분을 찾으려 애썼죠. 처음에는 이라크가 알카에다와 연계돼 있다는 주장을 펼쳤습니다. 하지만 너무 터무니없었어요. 사담 후세인 정권은 군사독재 정권이기는 했지만 종교와는 별반 관런이 없었거든요. 오히려 알카에다 같은 이슬람 극단주의 진영을 억압하는 쪽이었죠.

미국이 그다음에 내놓은 것은 대량살상무기 문제였습니다. 앞에서 잠깐 언급했듯이, 대량살상무기를 만들거나 퍼뜨리는 무법자들을 '세계 경찰'로서 징벌한다는 것이 미국의 입장이었습니다. 미국이 세계에서 대량살상무기인 핵무기를 가장 많이 가진 나라라는 점, 이스라엘처럼 미국과 친한 나라는 핵무기를 가져도 미국이 그대로 둔다는 점, 세계 어느 나라도 멋대로 다른 나라를 징벌할 권한을 미국에 준 적이 없다는 점 등은 미국에는 고려 대상이 아니었습니다.

미국은 이라크가 핵무기, 생물무기, 화학무기 등 대량살상무기를 가지고 있거나 제조하기 위한 작업을 하고 있다고 주장했습니다. 부시는 "사담 후세인은 이미 화학무기로 수천 명을 숨지게 한 살인마 독재자"라고 했지요.

후세인은 1980년대 이라크가 이란을 상대로 전쟁을 벌이던 시절에 이라크 북부에 있는 할라브자에서 분리독립을 요구하는 쿠르드족 수천 명을 화학무기로 학살한 것이 사실입니다. 하지만 그 때문에 이라크를 공격해야 한다는 것은 어불성설입니다. 유엔은 할라브자 학살이 알려지자 1990년부터 이라크 북부 쿠르드족 거주 지역을 비행금지 구역으로 정해 이라크 정부의 공격을 제한했고, 쿠르드족이 자치정부를 구성하도록 지원한 바 있습니다. 이때부터 사실상 북부 쿠르드 지역은 후세인 정권의 통제에서 벗어난 상태였습니다.

미국 국무장관까지 속인 전쟁론자들

미국은 이라크가 핵무기를 만들고 있다고 했지만, 이 문제에 대해 부시 정권이 주장한 내용들 또한 대부분 과장됐거나 사실이 아니었습니다. 이라크가 핵무기에 관심을 보였던 것은 사실인 듯합니다. 하지만 그래서 이미 오랫동안 미국의 압박 속에 유엔의 핵무기 사찰을 받았습니다. 유엔 사찰단원으로 일했던 이들이 "미국이 핵 개발을 이유로 이라크에 경제 제재를 가한 탓에 식량과 의약품이 모자라게 되면서 이라크 아이들이 숨져가고 있다"고 비난한 적도 있었죠.

　미국은 이라크가 아프리카에서 우라늄을 수입하려고 했다고 했지만, 미 중앙정보국CIA이 관여해 언론에 사실과 다른 정보를 흘린 사실이 드러나기도 했습니다. 전쟁을 시작하기 전에 미국 국무장관이던 콜린 파월은 "이라크 대량살상무기의 증거를 공개하겠다"며 유엔에서 직접 브리핑까지 했어요. 그런데 알고 보니 그 증거라는 것들이 조작됐고, 심지어 미국의 외교 수장인 파월 장관조차도 속인 것이었대요. 부시 행정부 안에서 전쟁을 바라던 이들이 파월마저 속인 것이었죠.

　나중에 미국이 이라크를 침공해 점령한 뒤 다시 자체적으로 사찰단을 꾸려서 이라크 전역을 샅샅이 뒤졌으나, 핵 관련 시설 등 대량살상무기의 개발 계획을 뒷받침해주는 증거를 찾아내는 데 실패했습니다. 이라크 '핵 계획'에 대한 정보를 비틀고 조작한 일은 뒤에 미국 내에서도 엄청난 논란거리가 됐답니다. 전쟁 5년 뒤인 2008년 미국 언론들은 9·11 테러 때부터 이라크 침공 때까지 1년 반 동안 부

2005년 9월 미국 워싱턴 DC에서 시민들이 이라크 전쟁 종식을 촉구하는 반전 시위를 하고 있다. 부시의 이라크 공격은 미국 내에서도, 국제적으로도 지지를 전혀 얻지 못했다.

시 대통령과 최측근 일곱 명이 공개적으로 발언한 내용들을 분석해보니 935건이 거짓 발표나 진술들로 드러났다고 보도했습니다.

물론 부시의 거짓말에 세계가 모두 속았을 리 없습니다. 전쟁이 일어나기 전부터 세계에서는 비판이 거셌습니다. 노벨 평화상 수상자인 넬슨 만델라 전 남아프리카공화국 대통령은 세계가 존경하는 인물이었는데, 직접 나서서 이라크 공격 계획에 반대했죠. 당시 교황 요한 바오로 2세도 전쟁에 반대하는 목소리를 냈고요.

　이라크 전쟁은 국제적인 지지를 전혀 얻지 못했습니다. 미국이 열띠게 외교전을 벌였음에도 유엔 안전보장이사회의 상임이사국 가운데 러시아와 중국, 프랑스는 끝내 '무력 사용 결의'를 지지하지 않았습니다. 코피 아난 당시 유엔 사무총장도 미국의 이라크 침공에 몹시 비판적이었고, 미국이 유엔과 국제사회를 무시하고 마침내 침공을 감행하자 격렬히 비판했습니다. 그래서 미국의 입김을 강하게 받는 영국, 캐나다, 일본, 한국, 그리고 동유럽과 중남미의 일부 국가들만이 이라크 전쟁에 파병을 했습니다.

오폭, 학살… 이라크인들이 겪은 참상

　독불장군 미국이 끝내 공격을 시작한 것이 2003년 3월 20일입니다. 그날 바그다드 상공에는 미군의 공습으로

화염이 솟아올랐습니다. 미국은 이라크 정규군과 후세인 정권의 정예부대인 공화국 수비대를 합하면 병력이 40만 명이나 된다고 했지만, 이들 이라크군은 순식간에 무너졌습니다. 부시는 전쟁 석 달 만에 미군 항공모함 위에서 당당하게 "주요 전투는 끝났다"며 승리를 선언했습니다.

후세인은 전쟁이 일어나자마자 도망쳤고, 2003년 12월 미군에게 붙잡혔습니다. 그는 2006년 말 이라크 새 정부 산하에 세워진 특별재판소에서 사형선고를 받고 처형됐지요. 후세인의 두 아들도 미군에게 사살됐습니다.

이라크 전쟁에서 숨진 이가 후세인과 그 무리뿐이었을까요. 거센 반대 여론을 의식한 미군은 '외과 수술 같은 정밀 폭격으로 민간인 피해를 줄이겠다'고 했어요. 하지만 막대한 양의 값비싼 무기들을 쏟아부은 전면전에서는 공허한 약속에 불과했습니다. 공격 개시 2주 만인 4월 3일, 이라크 중남부 힐라의 병원은 갈기갈기 찢긴 시신들로 뒤덮인 지옥으로 변했습니다. 미군이 잘못해서 군사시설도 아닌 병원을 폭격해버린 것이었죠. 이라크전의 맨얼굴을 그대로 보여준 '힐라병원 오폭 사건'입니다.

미군의 작전 중에서 가장 격렬한 비난을 산 것은

이라크 자유 작전을 지원하기 위해 수송기에 탑승할 준비를 하는 미군들. 당시 부시 대통령은 '이라크 자유 작전'이라는 이름으로 이라크를 공격했지만, 모든 면에서 이 전쟁은 실패로 평가받는다.

2004년 바그다드 부근 팔루자에서 벌인 저항 세력 색출 작전이었습니다. 이 작전을 빌미로 미군은 무고한 민간인들을 '이라크인이라는 이유만으로' 학살했습니다. 2006년 3월에는 미군들이 마흐무디야라는 마을의 민가에 들이닥쳐 한 소녀를 성폭행하고 가족들을 불태워 죽인 끔찍한 사건이 일어났습니다.

　　참상은 그 후로도 오랫동안 계속됐습니다. 2007년에는 민간 군사기업인 블랙워터 직원들이 아무 무기도 없는 주민들에게 총기를 난사해 열일곱 명을 살해했습니다. 학살은 아니지만 '인권과 민주주의의 수호자' 역할을 자처해 온 미국의 이미지에 치명타를 안긴 또 다른 사건도 있었습니다.

2004년 미국이 바그다드 근교 아부그라이브의 수용소에 '테러 용의자'들을 가둬놓고 말 못할 인권 침해를 저지른 사실이 드러났죠. 원래 아부그라이브는 이라크의 교도소였는데, 미군이 점령하고 이라크인들을 붙잡아다 가둬놓는 수용소로 쓰고 있었어요. 이곳에서 미군은 죄가 입증되지도 않은 이라크인들에게 '테러 용의자', '후세인의 잔당' 딱지를 붙인 뒤 짐승처럼 다뤘는데, 그 사진들이 폭로되면서 미국이 궁지에 몰렸답니다.

실패한 전쟁, 추락한 미국의 위상

　외교적으로나 경제적으로나 지정학적으로나 전쟁의 여파는 컸습니다. 국제사회의 반발과 미국 동맹들의 분열은 미국이 자초했다고 봐야겠죠. 유엔 안보리는 미국·영국과 그 나머지 나라들의 싸움장이 됐고, 미국의 위상은 떨어졌습니다. 이후 리비아 내전, 시리아 내전 등 중대한 이슈가 있을 때마다 국제사회의 분열이 반복된 것은 미국이 이라크를 침공하면서 거짓 정보를 퍼뜨려가며 분란을 일으킨 탓이 컸습니다.

　중동의 정치 지도는 이라크 전쟁 이후 크게 바뀌었습니다. 미국의 바람과는 반대로, 최대 정치적 승자는 미국이 수십 년째 적대시해온 이란이었습니다. 앞에서 얘기했듯이 '아랍의 봄' 민주화 혁명을 거치며 이집트의 군사독재 정권이 쫓겨났고, 사우디아라비아의 친미 왕정도 무너지지는 않았지만 정치적으로 궁지에 몰렸습니다. 반면에 이란은 이웃한 이라크가 무너지면서 중동 전역에 영향을 미치는 지역 패권국으로 부상했습니다.

이란은 미국의 거센 압력 속에서도 이라크와 시리아를 지나 서쪽으로 지중해 연안의 레바논까지 세력을 넓혔습니다. 미국을 비롯한 서방 세계에서는 이를 '시아 벨트 Shia belt'라고 부르기도 해요. 이슬람 세계의 대부분 지역은 수니파가 다수이지만, 이라크와 시리아, 레바논에는 이란과 같은 시아파 무슬림이 많이 살거든요. 하지만 이란이 보폭을 넓힌 것은 꼭 종교적인 공통점 때문만은 아니에요. 이들 지역에 미국의 횡포에 불만을 품은 사람이 많고, 그런 여론을 바탕으로 세력을 키운 정치 집단들이 있기 때문이겠죠.

이라크 전쟁은 세계 경제의 암초이기도 했습니다. 유가가 치솟았어요. 그 뒤에 많이 떨어지기는 했지만, 중동이 전쟁에 휘말리자 기름값이 다섯 배 이상 뛰어버린 것입니다. 그래서 어떻게 됐냐고요? 결과적으로 보면 러시아를 비롯해 에너지를 팔아 먹고살던 나라들에만 이득이 됐지요.

미국 재정은 거덜 날 판이 됐습니다. 미국 연방정부의 재정은 1980년대 공화당 정권 시절에 엄청난 적자였다가 1990년대 민주당이 8년 동안 집권하면서 흑자로 돌아섰어요. 그런데 다시 공화당의 부시 정부가 들어서서 아프간과 이라크 두 곳에서 전쟁을 벌였으니 파산할 지경이 돼버렸습니다.

이라크에 퍼부은 돈은 누가 가져갔을까

전쟁을 주장한 사람들은 "이라크의 막대한 에너지 자원을 팔아 이라크를 재건할 비용을 충당하면 미국이 전쟁으로 써야 할 돈은 크게 줄일 수 있다"고 호언장담했습니다. 그러나 기대했던 '이라크 개발'은 봉이 김선달의 약속으로 드러났습니다.

사실 이라크는 전쟁 전에도 이미 10년 넘게 미국과 유엔의 경제제재를 받고 있었어요. 수출입을 막는 금수 조치 때문에 손발이 묶인 와중에도 사담 후세인 정권은 유엔을 설득해 '석유-식량 교환 계획'이라는 것을 얻어냈습니다. 사람들이 굶어 죽게 할 수는 없으니, 석유를 팔아 식량과 의약품은 살 수 있게 해달라는 것이었어요. 그 대신 석유를 판 돈으로 무기나 무기 개발에 쓰일 수 있는 물건들은 사지 않는다는 조건을 달았답니다.

이 프로그램 덕에 이라크는 제재를 받으면서도 석유를 일부나마 수출할 수 있었습니다. 그런데 미국의 공격으로 정부가 무너지고 인프라가 부서졌으니, 이라크의 원유 수출량은 이전보다 확 줄어들었지요. 그 피해는 고스란히 이라크 국민의 몫이 됐습니다.

미국은 전쟁으로 후세인을 몰아낸 뒤 민주적인 정부를 구성해서 이라크가 새 출발을 할 수 있게 해줄 것이라고 했어요. 후세인을 몰아내고 2006년까지는 미군이 이라크를 통치했습니다. 3년간의 미군정 기간을 끝낸 뒤에는 선거를 통해서 이라크에 새 정부가 구성됐습니다. 이런 과정을 거치는 동안 미국은 이라크 재건에 적잖은 돈을 쓴 것이 사실입니다.

미국이 돈을 들이지 않은 것은 아닌데 결과가 좋지 않다는 게 문제였습니다. 전후 10년이 됐을 때 '재건 계획'이

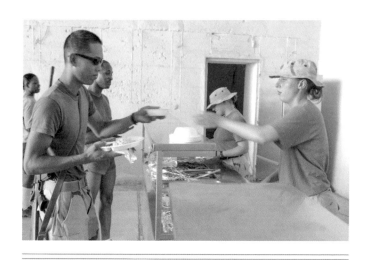

전쟁에는 군인들이 먹는 음식과 군 막사, 탄약, 부품, 휘발유 등 군수품을 제공하는 회사의 이권도 따른다. 이라크 전쟁에서는 군사기업 KBR이 막대한 수익을 올렸는데, 이 회사는 당시 딕 체니 부통령이 경영하던 핼리버튼의 자회사이다.

어떻게 진행됐는지 조사한 미국 정부의 회계감독관은 "미국은 600억 달러가 넘는 돈을 이라크에 퍼부었지만 결과는 좋지 못했다"고 지적했습니다. 재건이 부실했던 것입니다. 서둘러 전쟁을 일으키느라 재건 계획을 제대로 짜지 못했기 때문이었습니다. 그래서 미국이 쓴 돈은 대부분 미국 기업들, 미군 하청업체들에 들어갔고, 일부는 이라크의 부패한 관리들 주머니로 흘러갔습니다.

영국 『파이낸셜 타임스』에 따르면 "이라크 전쟁 뒤 경호·재건 사업 등에 뛰어든 민간 기업들이 10년간 1380억 달러를 벌어들였다"고 합니다. 당시 환율로 무려 153조 원에 이르는 돈이었습니다. 상세한 분석을 보면 문제점을 더 분명하게 알 수 있습니다. 이른바 '이라크 재건 사업'에 참여한 상위 10대 기업이 전쟁에서 벌어들인 수익은 최소 720억 달러에 달했습니다.

그중에서도 독보적인 존재는 미국 에너지기업 핼리버튼의 자회사였던 군사기업 '켈로그 브라운 앤드 루트Kellogg Brown & Root, KBR'였습니다. 전쟁을 일으킨 대통령은 부시였지만, 그 옆에서 전쟁을 부추기고 기획한 진짜 장본인은 딕 체니 부통령이었어요. 핼리버튼은 바로 그 체니가 경영자로 있던 회사랍니다.

미군은 2003년 3월부터 2011년 12월 말 철군할 때까지 8년 9개월 동안 이라크에 주둔했습니다. 전쟁에 직접적으로 들어간 돈과 이라크 재건에 투입한 비용, 미국 내 전역병·부상병 복지비용 등을 모두 합치면 미국은 2조 달러 이상을 들인 것으로 추산됩니다.

미국은 가장 많았을 때는 동시에 이라크에 15만 명을

파병했습니다. 이라크에서 숨진 미군과 다국적군 사망자 수는 4800명이 넘습니다. 이라크에서 다치고 장애를 입은 전역병들은 재정 적자와 함께 미국 사회가 앞으로 수십 년 간 책임져야 할 짐입니다. '수퍼 파워(초강대국)'로서 미국의 자존심, '선한 강대국'이라는 이미지, 경제력, 모든 것이 이 전쟁으로 타격을 입었습니다. 이 모든 게 부시의 전쟁을 승인해주고 그에게 연임까지 안겨준 '못난 유권자들'에게 지워진 부담이었던 셈입니다.

힘겹게 민주 국가를 만들어가는 이라크인들

어쨌든 미국은 전쟁을 일으킨 나라이니 그 짐을 짊어 지는 수밖에 없지요. 이라크인들은 무슨 죄일까요. 미국은 전쟁 상대국인 이라크의 민간인 피해에 대해서는 집계조차

하지 않습니다. 이라크 전쟁을 맡았던 미군 사령관은 "우리는 시체를 세지 않는다"라는 말로 표현했죠. 그래서 이라크의 인적 피해는 집계 기관에 따라 추정치가 크게 엇갈립니다만, 전쟁 10년 동안 대략 12만 명에서 약 20만 명이 숨진 것으로 추산됩니다.

물론 이 숫자가 모두 미군의 미사일과 총탄에 숨진 것은 아닙니다. 전쟁은 미사일과 총탄과 대포 외에도 여러 가지 방식으로 사람들의 목숨을 앗아가고 삶을 파괴하기 때문입니다. 미군의 폭격과 지상 작전에서 숨진 이들도 있지만, 특히 전쟁 와중에 벌어진 종파 갈등과 테러공격 등으로 이라크 민간인이 많이 희생됐습니다.

이미 전쟁이 지나고 적잖은 시간이 흘렀습니다. 지금 이라크 상황은 어떨까요?[2] 미국은 처음에 이슬람 극단주의 테러와 이라크를 엮으려 했지만, 이라크에서 극단주의 테러가 기승을 부린 것은 그 주장과 정반대로 미국의 침공 뒤였습니다. 극단주의 테러집단을 억누른 독재정권의 물리력이 사라지고 반미 감정이 극에 이르자, 미군 점령하의 이라크에서는 외부에서 유입된 테러 조직원들이 '이라크 알카에다' 지부를 만들어 기승을 부렸습니다. 2003년 후세인이 쫓겨나고 2006년까지가 이라크에서는 테러와 유혈충돌이 가장 극심하게 일어난 기간이었습니다.

그러다가 2006년 새 정부가 출범했고, 정치적인 불안정이 완전히 사라지지는 않았지만 조금씩 국가를 다져 나가고 있는 상태랍니다. 다만 앞서 시리아 내전을 얘기하면서 언급한 바 있는 극단주의 세력 IS와의 싸움이 벌어지는 바람에 2010년대 중반 다시 한번 혼란을 겪어야 했습니다. 이로 인해 100만 명가량이 국내 난민으로 남아 있다고 합니다.

전쟁 대행 주식회사

2021년 8월, 미군이 20년에 걸친 전쟁을 끝내고 아프가니스탄에서 철군했습니다. 허둥지둥 도망치듯 빠져나가는 모습이 세계에 충격을 안겨줬지요. 그런데 기나긴 전쟁이 이어지는 동안 아프간에 있었던 '미국의 병력'은 과연 전부 미군이었을까요?

미국 의회조사국CRS의 연구에 따르면 2008년 12월 아프간에 있는 미 국방부 병력의 69퍼센트를 '계약업체contractor'가 차지했답니다. 당시 의회조사국은 보고서에서 "이는 미국 역사상 모든 분쟁에서 국방부가 동원한 계약업체의 비율 중에 가장 높은 비율"이었다고 합니다. 그 이듬해 말, 미국 하원은 아프간에서 미 국방부 호송대를 보호하기 위해 민간 보안업체들을 고용했는데, 이 업체들이 지역의 무장조직들과 탈레반에게 돈을 건넨 의혹이 있다고 밝혔습니다. 미국이 탈레반과 싸우려고 전쟁을 했는데, 미국 시민들이 낸 세금이 뜻밖에도 반군이나 현지 '군벌'들에게 흘러 들어갔을 수 있다는 뜻이었어요.

PMC라는 용어가 있답니다. '민간 군사회사Private Military Company'의 약자예요. 돈을 받고 군사 행동이나 보안 업무를 해주는 기업들을 가리킵니다. 미국 정부와 계약을 많이 하기 때문에 미국 언론들은 '계약업체'라고 줄여서 부르기도 하지요.

PMC는 어떤 일을 주로 할까요? 시설 보안이나 경비를 주로 하지만 군사기지의 시설을 세우고 급식을 하는 일부터 분쟁 지역에서 경찰이나 군대처럼 치안을 유지하는 일까지 정말 다양해요. 심지어 어느 나라 정부와 계약해 전투를 대신하거나 정찰 등 정보를 수집해주기도 합니다. 아프간에서는 대통령을 경호하고, 남미의 콜롬비아에서는 마약 게릴라들과 싸우는 정부를 대신해 정찰기와 헬리콥터를 조종하는 식이죠.

현대 사회에 들어서기 전에는 '용병'이라는 말이 많이

2013년 아프가니스탄 카불에서 미군과 PMC가 아프가니스탄 병사들에게 전투 장비에 대해 교육하고 있다. PMC는 대통령 경호, 군사 훈련이나 기술 지원, 정찰, 정보 수집은 물론이고 전투를 대신해주기도 한다.

쓰였습니다. 로마 한가운데에 있는 바티칸은 교황이 다스리는 지역으로 이탈리아 안에 있지만 별개의 '국가'로 인정받습니다. 그러나 군대를 보유한 보통의 국가는 아니기 때문에 교황청 경비를 스위스 '용병'들이 맡아요. 전투를 하는 부대는 아니지만 이것도 보안 업무를 외부에 위탁한 사례라고 할 수 있죠.

가끔 국내 언론에서 외국 출신의 스포츠 선수들을 용

병이라고 부르기도 합니다만 올바른 표현은 아닙니다. 돈 받고 대신 싸워주는 사람들이라는, 낮잡아 보는 뜻이 포함돼 있으니까요. 반면에 PMC들은 본래 의미의 용병이지만 그들이 하는 업무가 너무나 광범위하기 때문에 용병회사라기보다 민간 군사기업이라는 표현을 씁니다.

현대적인 의미의 PMC는 언제 생겨났을까요? 1965년에 영국군 특수부대 출신들이 스파이 활동부터 군사 훈련과 무기 공급까지 온갖 일들을 대신해주는 기업을 만든 것이 시초라고 보는 이가 많아요. 오랫동안 드넓은 식민지를 갖고 있던 영국은 세계 곳곳에 군대를 뒀지만, 식민지를 잃은 뒤에는 군의 역할이 줄어들었죠. 일거리가 줄어들고 군대 규모가 축소되자 전역병들이 옛 식민지 국가들이나 저개발국에서 군사 업무를 대행하는 회사들을 차린 것이죠.

이스라엘과 남아프리카공화국 등을 중심으로 민간 군사기업들이 속속 이름을 알렸지만, 이들의 활동이 두드러지기 시작한 것은 1990년대입니다. 1980년대 말부터 1990년대 초반 사이에 냉전이 끝났지요. 그러면서 옛 소련이나 동유럽의 무기들이 '시장'에 헐값으로 풀렸고, 무장 세력들에게 들어가 세계 곳곳에서 분쟁이 격화됐습니다.

서방의 군대에서 빠져나간 군인도 많았고요.

미국 대 소련의 핵 대결 같은 대규모 전쟁의 위험은 크게 줄었지만, 냉전이 끝난 뒤 아시아, 아프리카, 동유럽 등 여러 곳에서 국가와 무장조직 혹은 무장조직과 무장조직 간의 충돌이 많아졌어요. 이는 곧 민간 군사기업들에 엄청난 기회가 됐지요.

아프간 전쟁과 이라크 전쟁, 미국이 일으킨 두 차례 '테러와의 전쟁'은 이런 민간 군사기업들의 시장이 어마어마하게 커지는 계기가 됐습니다. 미국 부시 행정부가 전쟁에 계약업체들을 대거 고용했거든요. 이라크 점령 뒤 반군을 소탕한다면서 전투 작전에 계약업체 직원들을 동원하기도 했고, 바그다드에 세워진 거대한 미국 대사관의 경비를 맡기기도 했죠. 그래서 이라크 전쟁은 현대전 역사상 가장 민영화된 전쟁, '군인보다 민간 업자들이 더 많았던 전쟁'으로 불립니다.

1991년 걸프전이라는 이름으로 미국이 이라크를 공격했을 때는 민간에서 동원한 인력이 1만 명 정도였어요. 10여 년이 지난 2003년 이라크 전쟁에서는 걸프전보다 열 배에 이르는 민간인들이 계약업자로 활동했다고 해요. 계약업체들이 국방부나 국무부 등 미국 정부나 유엔에 비용을 부풀려 받아내다가 들킨 일도 있었고, 이라크 주민들을 살해해 비난을 받은 적도 있습니다. 민간인들에게 총기를 난사한 블랙워터라는 회사가 그 주범이었는데, 이들은 몇 번이나 회사 이름을 바꿔가며 지금도 영업을 계속하고 있답니다.

PMC는 이라크뿐 아니라 중동 곳곳의 미군 시설이나 현지 국가의 군사기지에서 일해왔어요. 카타르의 미군 기지에 무장 경비병을 공급하고 쿠웨이트의 캠프 도하에서 병사들을 훈련시켰지요. 미군의 전쟁무기를 관리하는 일, 정치 지도자를 경호하는 일 등 PMC가 관여하지 않는 일이 거의 없다고 봐야 해요.

중동에서만 그랬을까요? 아프리카로 옮겨가 보지요. 남아프리카공화국은 1990년대 초반까지 백인 정권이 집권해 있으면서 '아파르트헤이트Apartheid(분리)'라고 불리는 악명 높은 인종 차별 정책을 펼쳤어요. 그 시절 이스라엘의 지원과 미국의 묵인 속에 핵무기를 개발하는 등 군사적 영역을 크게 키웠던 백인 정권은 세계인들과 연대한 흑인들의 저항으로 결국 권력을 내놓죠.

당시 백인 정권의 버팀목이던 군대에서 빠져나간 이들이 민간 군사기업들로 이동해 갔습니다. 대표적인 회사가 이그제큐티브 아웃컴즈Executive Outcomes라는 기업이었어요. 이 회사는 앙골라 내전, 시에라리온 내전 등 아프리카의 여러 분쟁에 끼어들었고, 그 과정에서 잔혹 행위를 저지른 일이 폭로되기도 했습니다.

나이지리아에서는 2010년대 중반부터 '보코하람'이라는 극단주의 조직이 납치와 주민 살해 등을 저질렀고, 나이지리아 정부가 소탕 작전에 들어갔습니다. 그러면서 2015년 보코하람 소탕을 맡을 군대의 훈련을 STTEP 인터내셔널이라는 회사에 맡겼습니다. STTEP는 어떤 회사일까요? 웹사이트에 들어가서 회사 소개를 보면 "남아프리카공화국 베테랑 출신들"로 이뤄진 "잘 훈련된 헌신적인 전문가들"이라고 적혀 있습니다. 네, 또 남아공이네요. 바로 위에서 얘기한 이그제큐티브 아웃컴즈 출신들이 2006년 만든 회사랍니다.

각국의 정규 군인들에게는 군대의 규칙이 있고, 이를 어기면 군법으로 재판을 받습니다. 잘못이 드러나면 당연히 처벌을 받지요. 국가의 정규군들은 군인으로서의 사명

감과 의무에 대한 교육을 받고, 민간인들이 아닌 무장한 적들과의 전투에 대비해 훈련을 합니다. 반면에 민간 군사기업에 소속된 사람들은 정식 군인이 아닌 민간인 신분입니다. 그들이 전쟁에 개입해서 이라크의 블랙워터 직원들처럼 민간인을 학살하거나 성폭행하거나 범죄를 저지르면 누가 어떻게 책임져야 할까요?

국가 안보의 많은 부분이 '민영화'되는 시대에 이는 매우 중요한 문제입니다. 그래서 2008년 국제적십자위원회, 스위스 정부, 민간 군사기업과 시민단체들이 모여서 이들에게 적용돼야 하는 '룰'을 만드는 작업을 했어요. 민간 군사기업을 어떻게 고용하고, 이들의 업무를 어떻게 감독할지 국제법을 바탕으로 원칙을 정하고 구체적인 권고 사항을 밝힌 '몽트뢰 문서Montreux Document'라는 일종의 국제협약도 만들었지요. 지금까지 50여 개국이 여기에 서명을 했답니다.

하지만 이 룰이 제대로 지켜지지 않는 경우가 허다합니다. 다시 미국과 이라크 이야기를 꺼낼 수밖에 없겠군요. 2010년 블랙워터 직원들이 미국 정부와 계약해서 일하는 동안 저지른 죄 때문에 '불법 살인' 혐의로 기소됐습니다.

하지만 블랙워터 창업자는 회사를 팔고 떠나는 것으로 모든 책임을 피했죠. 회사 이름도 여러 차례 바뀌었고요.

민간 군사기업 직원들이 전투에 투입되면, 이들은 국제법과 미국 법에 따라 정규군이 아닌 '불법 전투원'으로 분류될 수 있습니다. 미국은 이들에게 면죄부를 주기 위해서 이라크를 압박해 면책 규정을 만들기까지 했어요. 이라크의 미군정을 이끌었던 군정청장은 행정명령이라는 이름으로 '미국 정부와 관련된 모든 미국인'에게는 이라크에서 저지른 일이라 해도 이라크 법의 적용을 받지 않는 면책 특권을 누릴 수 있게 했습니다.

뒤에 미국 안에서도 비판이 심하게 일어나니까 미국 군법 규정을 바꾸기는 했습니다. 미국이 공식적으로 선전포고를 한 전쟁이나 비상작전에 동원된 '계약자'도 군법에 따라 기소할 수 있게 한 것이죠. 그러나 빈틈은 여전히 많습니다.

2021년 러시아가 우크라이나를 침공한 뒤 러시아의 민간 군사기업 이름이 세계를 떠들썩하게 만들었죠. 바그너 그룹이라는 회사입니다. 원래 이 회사를 만들고 이끌었던 예브게니 프리고진은 푸틴의 측근이었습니다. 뒤에 푸틴에게 반기를 들었다가 끝내 살해된 것으로 추정되지만요.

프리고진이 2023년 8월 의문의 비행기 사고로 사망한 뒤 바그너그룹은 아프리카로 주된 활동무대를 옮기겠다고 했습니다. 이 회사는 우크라이나 전쟁 이전에도 수단과 콩고민주공화국 등 아프리카 여러 나라의 정부나 군사조직과 연계해 활동을 해왔답니다. 미국과 유럽 국가들은 이 회사가 아프리카에서 민간인들을 상대로 폭력과 인권 침해를 저질러왔다고 비판하고 있습니다.

한국의 파병과 고민거리들

한국은 세계 여러 곳에 파병한 나라입니다. 아프가니스탄과 이라크에 다산부대와 자이툰부대 등을 보냈고, 레바논과 아랍에미리트UAE에는 동명부대와 아크부대가 들어가 있죠. 전쟁을 하러 간 것은 아니고 평화유지 활동과 군사협력 지원을 명분으로 갔습니다.

한국군이 아주 성공적으로 평화유지 임무를 수행한 적이 있습니다. 1990년대 동티모르라는 섬나라가 인도네시아로부터 독립했어요. 동티모르는 1976년 인도네시아에 강제로 병합된 뒤 오랫동안 극심한 탄압을 받으면서 독립을 외쳐왔습니다. 그러다 인도네시아가 이곳 사람들을 얼마나 잔혹하게 억압하고 가난 속에 내팽개쳐뒀는지 세계가 알게 되면서 마침내 염원했던 독립국가를 만들 수 있게 됐습니다.

1999년 동티모르는 유엔의 지원 속에 새로운 국가로 탄생할 수 있게 됐으나 기반이 별로 없었어요. 오랫동안 자기네 나라가 없었으니 독립하고 정부를 수립하는 과정에서 치안 문제라든가, 인프라 부족이라든가, 여러 가지 해결해야 할 과제가 많았습니다. 그때 한국의 상록수부대가 동티모르 국제군으로 파병됐어요. 상록수부대는 새 나라의 건국을 돕는 역할을 톡톡히 해냈지요. 노벨 평화상을 받은 동티모르 지도자가 한국을 방문하고, 두고두고 굉장히 고마워했답니다.

이런 성취도 있지만, 사실 남의 나라에 군대를 보낸다는 것은 대단히 큰 이슈입니다. 사회 전반에서 전쟁과 평화를 어떻게 보느냐, 국제사회의 일원으로서 우리의 책무를 어떻게 바라보느냐 하는 문제와 총체적으로 이어져 있기 때문입니다.

아프간의 경우 미국이 2001년 침공한 다음에 유엔이 국제치안유지군 결성을 승인했어요. 그 뒤에 한국이 아프간에 파병한 것은 국제사회의 기준에 크게 어긋나는 것은 아니었습니다. 하지만 2년 뒤 미국의 터무니없는 이라크 침공에 한국이 군대를 보낸 것은 중동 국가들의 반발을 사기에 충분한 행위였죠.

당시 이라크 전쟁이 시작되자 한국 정부는 일본, 폴란드, 우크라이나, 체코 등과 함께 가장 먼저 미국을 지지한다면서 파병을 선언했습니다. 이라크에 보내진 한국군 자이툰부대는 북부 쿠르드 지역에 주둔하게 됐는데, 사실 안전 문제 때문에 주로 기지 안에서만 생활했다고 해요.

한국은 2008년 12월 마지막 부대를 철수시킬 때까지 이라크에 연인원 1만 9000여 명을 보냈습니다. 베트남전 이후 최대 규모의 해외 파병이었죠. 베트남전과 달리 이라크에 간 한국군 부대는 비전투 병력이었고, 맡은 임무도 '재건 지원'이었습니다. 자이툰부대는 현지에서 병원과 기술 교육 센터를 운영하고 학교, 보건소를 짓는 일을 했습니다.

당시 여론은 "명분도 실리도 없는 전쟁"이라는 반대론이 우세했지만, 정부는 한미 동맹의 중요성을 강조하며 파병을 결정했지요. 찬성한 이들은 미국의 요구를 받아들여 병력을 보내주는 것이 우리 국익에 도움이 된다, 이라크가 세계에서 몇 손가락 안에 드는 자원 보유국임을 고려할 때

2004년 9월 이라크 아르빌에서 지뢰를 탐지하고 있는 자이툰부대 장병들.

전쟁에 관여하는 것이 국익에 장기적으로 도움이 된다는 논리를 펼쳤습니다.

　　한국의 언론이나 여론에서 '국익'은 무소불위의 권력을 지니는 용어 같아요. 이익보다 도덕이 중요한 것 아니냐고 말하면 철부지 취급을 받지요. 이라크 파병을 찬성한 사람들에게, 이라크 '대량살상무기 의혹'이 진짜냐 아니냐 하는 것은 고려 대상이 아니었어요. 정작 한국이 파병으로 어떤 '국익'을 얼마나 얻었는지, 세계가 반대한 전쟁에 참여하는 것이 한국 사회의 평화 인식이나 '세계 속의 한국'이라는 위상에 어떤 의미를 지니는지 등에 대해서는 그 후에도 충분한 토론이 이뤄지지 않았고요.

비슷한 사례가 2020년 이란 앞바다 호르무즈해협에 파병한 일이었습니다. 당시 정부는 '파병'이 아니라, 동아프리카에서 해적 소탕 작전을 하고 있던 청해부대를 중동에 '재배치'한 것뿐이라고 했지만 말이 많이 나왔죠. 분쟁도 재해도 없는 중동에, 당시 미국 트럼프 정부가 요구했다는 이유로 한국군을 보낸 것이었거든요. 미국의 목적은 이란을 압박하는 것이었고, 한국이 이에 동참하는 바람에 이란이 한국을 몹시 비난하기도 했습니다.

자연재해나 분쟁으로 위기에 빠진 이들에게 군대를 보내 돕는 것은 국제사회의 일원으로 한국이 맡아야 할 몫일 수 있습니다. 그러나 그런 경우라 하더라도 상황을 면밀히 따져보고 시민들이 고개를 끄덕일 수 있어야 합니다. 경제 규모가 세계 10위권인 한국, 'K' 신드롬의 주역인 한국. 앞으로 국제사회에서 맡게 될 몫은 더 커질 텐데, 시민들의 토론과 적극적인 목소리가 더욱 중요해질 것 같습니다.

6

전쟁을
막을 수는 없을까

전쟁을 막을 수는 없을까

전쟁을 '덜 참혹하게' 만들려
애써온 국제사회

2021년 러시아의 우크라이나 침공에 이어, 2023년
에는 이스라엘과 팔레스타인 사이에 전쟁이 벌어졌지요.
공습을 당해 무너진 건물, 숨지고 다치는 사람들, 전기와 수
도가 끊긴 데다 먹을 것과 약품까지 모자라 숨져가는 아이
들의 모습이 연일 미디어를 장식했습니다.

전쟁 없는 세계는 정말 불가능할까요? 온 인류가 힘을
합쳐 전쟁을 막아보자고 하면 비현실적인 이야기로 들리겠
지요. 하지만 전쟁에서 민간인 피해를 최소화하자, 핵무기
나 화학무기 같은 대량살상무기는 쓰지 못하게 하자, 이런
식으로 전쟁에서 용납할 수 없는 행위들을 목록으로 만들
어 어떻게든 제한을 가해보자고 하면 어느 정도는 현실적

이고 설득력 있는 이야기로 들릴 것입니다.

인류 역사상 전쟁이 없었던 시대는 없었어요. 하지만 지금 세계 인구 80억 명 가운데 대부분은 전쟁 없이 살아가고 있어요. 평생 전쟁을 한 차례도 경험해보지 않고 살아가는 사람이 앞으로는 많을 것입니다. 왜 '앞으로'냐고요? 나이 든 세대 중에는 20세기의 제1차, 제2차 세계대전을 겪은 이들도 있습니다. 한국만 해도 한국 전쟁을 거친 어르신들, 베트남 전쟁에 파병돼 갔다가 온 분들이 계시고요.

하지만 이런 전쟁을 거치지 않은 세대의 인구가 이 지구상에는 훨씬 더 많습니다. 전쟁의 참상을 겪고 있는 이가 여전히 많고 그런 분쟁에 관심을 기울여야 하는 것이 맞지만, 전쟁이 세계 전체를 휘감고 있는 것은 아니라는 이야기예요. '전쟁은 못 막는다'고 말하는 사람들이 있지만, 국가나 집단 사이에 갈등이 생겼을 때 전쟁으로 간 사례보다는 전쟁까지 가지 않고 해결하거나 봉합한 사례가 훨씬 더 많지요.

마찬가지로 전쟁 자체가 무엇보다 참혹한 역사적 사건이지만 그래도 조금이나마 덜 참혹하게 만들 수 있습니다. 전쟁포로를 고문하고 죽이고 강제노동을 시키지 못하게 국제법으로 규정하고, 사람의 신체에 끔찍한 고통을 지속시키는 무기를 쓰거나 민간인들을 대량 학살하면 국제사회가 제재하는 식으로 룰을 만드는 것이죠. 유엔에서 통과된 각종 조약과 국제법들, 유엔의 결의안 등이 그런 룰을 표현한 것입니다.

따지고 보면 제2차 세계대전 이후 창설된 유엔 자체가 끔찍한 반인도 범죄나 대규모 전쟁을 막기 위한 기구이기도 해요. 사람의 신체를 훼손하는 형벌이 대부분의 나라에서 사라졌듯이, 전쟁도 '덜 잔인하게' 만들 수 있습니다.

물론 지켜지지 않는 경우가 많이 있습니다. 시리아에서 정부군이 화학무기를 쓴 것이나 이스라엘이 팔레스타인을 침공하면서 백린탄 같은 금지된 무기를 쓴 사례, 민간인 거주 지역을 공격하고 특히나 제네바협약 등에서 금하고 있는 병원 같은 보건의료 시설을 공습한 사례들이 떠오르는군요. 미국이 대테러 전쟁을 벌이면서 쿠바의 관타나모에 있는 기지에 수용소를 만들고 '테러 용의자'라는 이유만으로 사람들을 붙잡아 가둬둠으로써 전쟁포로와 관련된 규정들을 어긴 것, 극단주의 조직 IS가 시리아의 문화유적들을 파괴한 일도 그런 사례들이고요.

위반하는 나라나 집단들이 있다고는 해도, 국제적인 룰이 없을 때와 비교해보면 대부분의 국가는 규칙을 지키려고 애를 씁니다. 그러지 않으면 불이익을 받으니까요. 또한 민주주의 국가에서는 국내 여론이 자기네 정부의 '너무 잔혹한 행위'에 고개를 젓는 경우도 많고요.

강제적으로 룰을 지키게 하기 어려운 상황이라고 하더라도, '지탄을 받는다'는 것이 갖는 함의가 적지 않습니다. 국제사회의 손가락질이 갖는 힘이 생각보다 꽤 클 수 있다는 뜻입니다. 예를 들면 남아프리카공화국의 백인 정권이 무너진 것도 결국은 세계의 손가락질 때문이었지요. 거리에 나가 세계 시민들이 항의하고 시위해서 각국 정부와 기업들을 움직일 수 있으며, 그 힘은 시민 개개인이 생각하는 것보다 훨씬 큽니다.

그리고 제네바협약 등 국제적인 약속으로 '금지했다'라는 것은 반인도적인 전쟁범죄를 처벌하는 기준이 됩니다. '사람들이 다 죽고 나서 처벌한들 무슨 의미가 있느냐'고 반문할 수도 있겠지요. 하지만 모든 형벌의 의미는 일이 벌어진 후에라도 사회의 규율을 세우는 데 있습니다. 어떠어떠한 행위는 나쁘다는, 해서는 안 될 짓이라는 메시지를 사회에 전하는 것이죠.

국가 간의 분쟁이나 전쟁에도 국제사회가 그런 룰을 만들어왔고, 위반하면 도덕적으로 지탄받는다는 점을 이제는 많은 이가 인식하고 있습니다. 러시아는 우크라이나를 침공하면서 병원을 폭격하고, 민간인들을 '처형'하듯이 살해했지요. 러시아는 학살의 증거들이 드러난 뒤에도 "우리는 그런 짓을 하지 않았다"고 부인했습니다. 그렇게 부인한다는 것 자체가 러시아 역시 국제적인 룰을 알고 있으며 손가락질받을 행위라는 것을 알고 있다는 뜻입니다.

'반인도 범죄'라는 개념은 어떻게 진화해왔나

대량학살, 의도적인 민간인 살상, 전시 성폭행과 전쟁 포로 학대 및 처형, 민간인 지역과 보건의료·교육 시설 등

인프라 파괴. 이런 것들을 가리켜 흔히들 반인도 범죄라고 부릅니다. '전쟁범죄'보다 조금 더 포괄적인 개념이라고 보면 돼요.

전쟁범죄를 국제사회가 재판 형식으로 법정에서 다루기 시작한 것은 제2차 세계대전 직후로 거슬러 올라갑니다. 유럽에서 나치 전범들을 처벌하기 위해 열렸던 '뉘른베르크 재판'과 미국이 일본을 징벌한 '극동 군사재판(도쿄 재판)'이 출발점이었습니다. 그전에도 유럽에 전쟁범죄 관련 법률이 있기는 했지만, 전쟁을 일으켜 타국에 끼친 경제적 손실에 대해 배상을 요구하는 성격이 컸습니다.

제2차 세계대전 뒤 한 국가나 여러 국가에서 체계적, 조직적으로 자행된 대량학살을 다룰 새로운 국제법이 필요하다는 인식이 생겼어요. 1945년 8월 런던에 승전국 대표들이 모여서 논의했고, '반인도주의 범죄'라는 새로운 법적 범주가 만들어졌습니다. 당시 또 하나 덧붙여진 개념은 '반평화 범죄'로, 전쟁을 계획하고 일으킨 행위 자체를 범죄로 다루자는 것이었습니다.

그런데도 뉘른베르크 재판에서는 나치 독일이 저지른 유대인 학살 자체는 문제시하지 않았다고 합니다. 홀로코스

독일 바이에른주 뉘른베르크 국제군사재판소에서 열린 전범 재판.

트가 이슈가 된 것은 1948년 이스라엘이 건국되고 학살자들을 추적하는 과정에서였습니다. 다른 모든 개념처럼, 범죄에 대한 인식도 시대와 함께 진화한다는 것을 알 수 있죠.

　뉘른베르크 재판은 군사재판이었지만 국제법정의 틀 안에서 진행됐습니다. 프랑스, 영국을 비롯해 독일 침공의 '피해자'들이 대거 참여했죠. 재판부는 소련, 영국, 프랑스 재판관 각각 두 명과 미국 재판관 세 명으로 구성됐고, 1년 정도 재판이 진행됐습니다.

　반면에 1946년 시작된 도쿄 전범 재판은 승전국 미국이 패전국 일본을 처벌하는 자리였습니다. 한국을 비롯해 일본 제국주의에 피해를 입은 당사자들은 전혀 발언권이 없었습니다. 그래서 일본에서는 '이긴 자의 심판'이라는 인식이 심어지게 됐습니다. 이 첫 단추를 잘못 꿰놓은 까닭에 일본은 전쟁에 대한 평가와 잘못된 행위에 대한 반성이라는 역사의 출발점을 정비하지 못했고, 결국 과거사를 대하는 일본의 태도를 왜곡시킨 이유 중 하나가 된 것이죠.

반인도 범죄를 다룬 재판들

　두 전범 재판에 대해서는 비판도 적지 않지만, 양차 대전의 참상을 반복하지 않기 위한 작업의 시작이 됐다는 점에서 의미가 큽니다. 이후 유엔을 중심으로 세계는 전쟁범

죄, 인간의 보편적 권리를 보장하는 인도적 원칙에 위반된 '반인도 범죄'의 개념을 가다듬고 가해자들을 처벌하기 위한 틀을 만들었습니다.

이후 반인도 범죄의 개념은 국제 관습법과 여러 국제 법원의 재판들을 거치며 발전해왔습니다. 가장 명확한 기준이 되는 것은 국제형사재판소를 설립하기 위해 1998년 채택된 '로마규약'입니다.[3] 이 규약에 따르면 '민간인을 대상으로 한 광범위하고 조직적인 공격'으로 살인 및 학살, 노예화, 강제 추방이나 강제 이송, 투옥과 고문, 성폭행과 강제 임신, 강제 불임시술 등을 저지르는 것이 반인도 범죄에 해당합니다. 인종이나 민족 혹은 문화적·종교적인 이유로 특정 집단을 박해하는 것이나 인종 분리도 포함되고요.

뉘른베르크 재판과 도쿄 재판 이후 세계 여러 곳에서 반인도 범죄 재판이 열렸습니다. 대개는 국가 간 전쟁이 아니라 한 국가나 지역 안에서 벌어진 내전과 관련된 것들이 었는데 형태는 제각각 달랐습니다.

옛 유고연방 내전

1990년대 벌어진 옛 유고슬라비아연방 내전의 경우 유엔 산하에 옛 유고연방 전범재판소가 설치됐습니다.[4] 이 내전은 아주 복잡한 전쟁이었어요. 당시 유고연방이 해체되면서 여러 민족 집단이 내전을 벌였고 제각기 독립국가를 형성했습니다.

먼저 슬로베니아와 크로아티아가 떨어져 나갔고, 북마케도니아는 처음으로 독립국을 만들었지요. 이 내전 과정에서 크로아티아와 유고연방에 잠시 잔존했던 세력들 사이에 유혈 분쟁이 벌어졌습니다. '제노사이드', 즉 민족 말살로 볼 수 있는 학살이 본격화된 것은 세르비아와 몬테네그로, 보스니아-헤르체고비나가 얽혀들면서였습니다. 주로 세르비아계가 보스니아계 무슬림을 학살했지만 크로아티아도 학살에 연루됐습니다.

이처럼 '당사자'가 많은 내전이었던지라 재판소는 관

전쟁 없는 세상은 가능할까

'발칸의 도살자'라 불렸던 옛 유고슬라비아연방의 마지막 대통령 슬로보단 밀로셰비치.

련국이 아닌 네덜란드 헤이그에 설치됐습니다. 잔혹한 전쟁범죄들이 분명 일어났는데, 그 뒤에 나라들이 제각기 갈라진 상황이 돼버렸으니 책임 소재가 복잡할 수밖에요. 그리고 독립국이 된 여러 나라의 이해관계에도 영향을 받지 않을 수 없었어요.

　가장 대표적인 전쟁 범죄자는 유고연방의 마지막 대통령이던 슬로보단 밀로셰비치, 유고연방 내 스릅스카(세르비아)공화국의 대통령이던 라도반 카라지치 같은 자들이었습니다. 이들은 조직적, 의도적으로 세르비아인들 사이에서 보스니아인들, 무슬림에 대한 반감을 부추기고 학살을 선동한 자들이었죠. 그러나 내전 뒤 독립국이 된 세르비아에서는 이런 범죄자들을 옹호하려는 분위기가 적지 않았습니다. 이 때문에 카라지치는 13년 동안이나 체포를 피할 수 있었습니다. 카라지치는 2008년에야 붙잡혔습니다.

그들은 어떤 처벌을 받았을까요? 유고 전범 재판의 가장 큰 문제점은 시간이 너무 오래 걸렸다는 점입니다. 밀로셰비치는 2006년 재판 중에 병으로 사망했고, 결국 단죄를 받지 않았습니다. 카라지치는 종신형을 선고받았으나 항소했고, 2019년에야 종신형이 확정됐습니다. 뒤늦게라도 정의가 구현됐다고 할 수 있지만, 학살자 유족들에게는 그 시간이 얼마나 기나긴 세월이었을까요.

르완다 내전

　역사와 대면하는 어려운 길을 택한 르완다의 사례는 한번 들여다볼 만합니다. 동아프리카의 르완다에서는 1994년 내전이 벌어져 200만 명 가까이 목숨을 잃었습니다.[5] 그해 곧바로 유엔 안보리가 국제 법정 설치 결의안을 채택했지요.

　이듬해 르완다 옆 탄자니아의 수도 아루샤에 국제재판소가 만들어졌으며, 국제법과 르완다 법에 따라 재판이 진행됐습니다.[6] 르완다 국민뿐 아니라 르완다 밖에 나가 있던 르완다인들, 또 주변 부룬디나 우간다의 후투족, 투치족 등도 일부 관련돼 있었기 때문입니다. 이 법정은 2015년까지 활동하다 종료됐습니다. 일부 범죄자들은 국제 법정에서 처벌받았고, 일부는 르완다 국내 재판소로 이관됐습니다.

　르완다 입장에서 보면 내전 이후 가장 큰 문제는 가해

자가 특정 정치 세력이 아니라 '서로서로'였다는 것이었습니다. 한 마을에 섞여 살던 후투족이 투치족을 학살하고, 이에 투치족이 보복을 하는 식이었거든요. 대부분 후투족이 가해자이기는 했지만, 문제는 인구의 다수가 후투족이라는 사실이었습니다. 그러니 전쟁범죄를 처벌하고 청산하는 것이 쉬울 리 없었지요.

그럼에도 르완다는 마을마다 일종의 과거사 청산위원회를 만들어서 잔혹한 범죄와 대면하는 길고 어려운 과정을 결국 겪어냈습니다. 죄가 있는 사람은 죄를 인정하고 죄상이 심하면 처벌하지만, 그렇지 않다면 반성하게 하고 용서해주는 기나긴 과정을 주민들이 감당해냈던 것입니다. 르완다를 국제사회가 아주 높게 평가하는 이유 중 하나랍니다.

캄보디아와 서아프리카

캄보디아는 유엔의 지원 속에 1970년대 크메르 루주가 저지른 이른바 '킬링필드' 학살을 재판하고 있습니다. 이 재판 역시 너무 오래 진행되고 있다는 게 문제입니다. 지금도 잊을 만하면 한 번씩 당시 학살자의 판결이 보도되지만, 형을 선고받은 자들은 이미 '천수를 누렸다'고 할 정도로 고령입니다.

1990~2000년대에 일어난 서아프리카 내전에는 시에라리온과 라이베리아의 여러 군벌 집단이 관련돼 있었습니다. 당시 사건들에 대한 재판은 유엔과 유럽연합 등이 지원했습니다.

전쟁 범죄자들 가운데 가장 죄가 컸던 라이베리아의 전범 찰스 테일러 전 대통령은 체포돼 시에라리온의 특별교도소에 수감됐어요. 그런데 잔당들이 정국을 불안하게 만들 가능성이 있고 탈옥마저 우려됨에 따라 헤이그로 옮겨졌습니다. 2012년 테일러는 징역 50년형을 선고받아 복역하면서 처우를 개선해달라는 소송을 내기도 했죠.

이처럼 단죄까지 시일이 오래 걸린 유고연방 재판과 킬링필드 재판, 서아프리카 내전 재판은 피해자들의 반발을 살 수밖에 없었습니다.

단심제로 사형당한 사담 후세인

이런 재판들을 둘러싼 논란들 중에는 사형에 관한 것도 있어요. 유엔이 관여한 국제 법정은 사형을 허용하지 않습니다. 학살자를 처형하고 싶어 하는, 혹은 처형하지 않으면 혼란이 올까 봐 걱정하는 쪽에서는 이 때문에 국제 법정을 꺼린다는 시각도 있습니다.

앞서 살펴봤듯이 이라크의 사담 후세인은 최악의 독재자였고 자국민을 학살했지요. 미국의 침공으로 그가 축

24년간 이라크를 지배하며 국민을 학살한 사담 후세인. 그는 특별군사법정에 회부되어 사형당했다.

출된 뒤 수립된 이라크 민선 정부는 특별군사법정을 만들었습니다. 후세인의 여러 죄상 중에는 '두자일 마을 학살'이 있었습니다. 후세인 암살 음모에 가담했다는 이유로 두자일이라는 마을의 시아파 주민 148명을 한꺼번에 처형한 사건인데, 후세인이 직접 학살을 지시했음을 보여주는 증거가 있었죠.

군사법정은 이 명백한 학살 범죄 한 건을 가지고 재판을 진행했습니다. 당시 서방의 유명한 법률가들이 "최악의 학살자에게도 공정한 재판을 받을 기회는 보장해줘야 한다"며 변호에 나서서 논란이 벌어졌습니다.

그러나 이라크 정부는 자국 내에서 벌어진 반인도 범죄를 자신들이 처벌하는 길을 택했습니다. 외국인들, 특히 전쟁을 일으킨 미국이 관여하면 이라크인들의 반감을 부추길 것이 뻔했고, 또 후세인의 잔당들이 계속 저항하던 상황이었기에 그를 살려둘 수 없다고 판단한 것으로 풀이됐습니다. 보통 3심제로 진행돼 피고인에게 항소할 권리가 있는 일반적인 재판과 달리 후세인 재판은 단심제였으며 초고속으로 끝났고, 독재자는 2005년 마지막 날 처형됐습니다.

전범 재판의 상설화, 로마규약과 ICC

로마규약은 르완다 내전과 옛 유고연방 내전 뒤 국제 사회에서 반인도 범죄를 심판해야 한다는 인식이 커지면서 생겨났습니다. '그때그때 다른' 재판들의 국제적인 공통 기

준을 만들고 공통 기관을 설립하자는 뜻도 있었습니다. 로마규약에 따라 2002년 헤이그에 국제형사재판소International Criminal Court, ICC가 만들어져 본격 활동을 시작했습니다. 2023년 현재까지 이 조약에 한국을 포함해 123개국이 서명했습니다.

ICC에 사건이 접수되면 검사실에서 사전 검토를 한 뒤 '공식 수사 착수' 단계에 들어갑니다.[7] 이 단계부터 사실상 ICC에 회부된 것으로 봅니다. 검사가 기소하면 ICC 법정으로 넘어갑니다. 사전 심판부에서 정식 재판에 부칠지를 검토하고, 결정이 되면 1심 재판부에서 재판을 맡습니다.

재판에서는 어떤 기준으로 판결할까요? 분쟁 당사자들에게 적용되는 국제인도법international humanitarian law, IHL이나 무력충돌에 관한 국제법law of armed conflict은 성문법, 즉 문서로 쓰여 있는 법은 아니지만 1949년의 제네바협약과 그에 딸린 의정서들이 일종의 법전 역할을 한답니다.

2023년까지 재판이 종료된 것은 서른한 건, 진행 중인 것이 다섯 건입니다. 수사 단계에서 10여 년씩 끌고 있는 사건도 적지 않습니다. 기소된 사람들 가운데에는 수단의 옛 독재자와 우간다 반군 지도자, 코트디부아르의 전 대통령, 콩고민주공화국의 전 부통령 등이 있습니다.

사전 조사나 공식 조사 단계인 것 중에는 미얀마나 아프가니스탄, 이라크, 팔레스타인, 콜롬비아 사건도 있지만 기소된 사람들은 거의 대부분 아프리카인입니다. 아프리카 이외 지역에서 공식 기소된 인물은 조지아인 세 명과 우크라이나 전쟁 뒤 회부된 푸틴 대통령 등 러시아인 두 명뿐입니다. 이 때문에 아프리카 국가들은 국제형사재판소를 '아프리카 재판소', 혹은 힘이 없어진 이들만 처벌하는 '하이에나 재판소'라고 비판하기도 합니다.

로마규약 거부하는 나라들

국제형사재판소의 의미가 큼에도 불구하고 비판들에 힘이 실리는 것은 강대국들이나 반인도 범죄 혐의를 받는

국가들이 로마규약을 거부하고 있기 때문입니다. 미국은 로마규약에 서명했다가 철회했습니다. 미국 트럼프 행정부는 ICC를 제재할 수 있도록 한 행정명령에 서명하기까지 했죠. 러시아, 중국, 인도는 서명도 하지 않았습니다. 이스라엘도 마찬가지고요.

ICC의 결정이 석연찮을 때도 있었습니다. 2009년 이스라엘이 가자지구로 가는 구호선박을 공격해 터키인 등 아홉 명을 숨지게 한 사건이 그런 예랍니다. 민간 구호선박을 공격한 명백한 국제법 위반 행위였습니다. 그러나 ICC는 "반인도 범죄에 해당되지 않는다"는 결정을 내려 이슬람권 국가들의 반발을 샀지요. 또한 명백한 반인도 범죄라도 당사국이 국제재판을 선호하지 않으면 ICC에 회부되지 않습니다. 리비아에서는 내전 뒤 세워진 정부가 무아마르 카다피를 ICC에 회부하는 것에 반대했고, 카다피를 체포한 뒤 즉결 처형해 사막에 묻었습니다.

이런 문제들이 있다고 해도, 반인도 범죄에 대한 단죄는 매우 중요합니다. 개인이 개인에게 저지른 일에 대한 재판이 아니라 국가 같은 거대한 단위의 행위자가 집단에 저지른 짓을 처벌하는 것이니까요. 이런 처벌은 일종의 '역사적 평가'이기도 합니다.

그뿐 아니라 지나간 전쟁과 범죄를 어떻게 정리하느냐는 세계 혹은 한 사회가 이후에 나아갈 방향을 정하는 중요한 잣대가 됩니다. 당장 한국만 해도 베트남전에서 저지른 행위에 대한 논쟁은 수십 년이 지나도록 금기시돼 왔잖아요. 과거와 대면해야 앞으로 나아갈 수 있다는 것, '제대로' 대면하는 방법을 배우는 것이 사회 전체를 성숙하게 만든다는 것을 반인도 범죄 재판들은 보여주고 있습니다.

ICC는 이스라엘을
처벌할 수 있을까

이스라엘군이 2023년 10월 팔레스타인 가자지구에서 전쟁을 벌이더니, 레바논 남부 무장정파 헤즈볼라를 공격한다면서 전선을 넓혔습니다. 국제앰네스티는 이스라엘이 레바논 남부에서 백린탄이 포함된 포탄을 불법적으로 사용했다는 증거를 공개했습니다.

백린은 주로 연막탄으로 쓰이는데 대기 중에서 고온에 노출되면 연소가 돼요. 그런 백린으로 만든 무기가 사람에게 쓰이면 끔찍한 일이 벌어집니다. 사람의 피부에 묻은 상태에서 불이 붙으면 물을 끼얹었어도 끌 수 없어 살이 계속 타들어 간다는군요.

끔찍한 고통과 상처를 안기는 백린탄이 전쟁에서 민간인에게 사용된 최근 사례들은 거의 이스라엘이 저지른 행위였는데, 이 전쟁에서도 반복됐습니다. 국제앰네스티가 확보한 것은 레바논의 다이라에서 이스라엘군이 최소한 네차례 백린탄 공격을 저질렀음을 보여주는 영상들이었습니다. 국제앰네스티는 "민간인을 다치게 한 다이라 공격은 무차별적이고 불법적이었다"며 "전쟁범죄로 조사해야 한다"고 주장했습니다.[8]

이스라엘이 반인도 범죄 혐의를 받는 이유는 또 있습니다. 팔레스타인 가자지구 주민들에게 가는 물과 전기와 식료품과 의약품을 모두 차단해서 주민들 전체를 고통에 몰아넣은 것입니다. 무장조직 하마스가 가자지구에 기반을 두고 있다는 이유로 가자의 민간인 지역을 폭격해 수많은 이를 살해한 것은 말할 것도 없고요. 이를 전쟁범죄, 반인도 범죄가 아니라고 말할 사람이 있을까요? 안타깝고 또 어이없는 일이지만 이스라엘과 그 뒤의 미국은 그렇게 주장합니다.

국제형사재판소의 시각은 다릅니다. ICC의 카림 칸 검사는 이스라엘을 향해 로마규약에 따른 '형사 책임'을 질 수도 있다고 경고했습니다. 그는 "주민들은 죄가 없으며 인도주의에 관한 국제법에 따른 권리를 갖고 있다"고 말했습니다. 칸은 또 이번 가자 공격뿐 아니라 '2014년 이스라엘이 가자지구와 요르단강 서안에서 저지른 범죄'에 대해서도 "적극적으로 조사하고 있다"고 말했습니다. 물론 이스라엘 민간인 1400명을 숨지게 한 하마스 역시 ICC의 조사 대상이 된다고 했습니다.[9]

팔레스타인은 2015년 로마규약 가입국이 됐습니다. 하마스는 기소되지 않았지만 이미 미국과 유럽이 테러조직으로 지정해서 지도부를 제재하고 있습니다. 반면에 이스라엘은 규약에 가입하지 않았고 줄곧 국제형사재판소의 관할권을 거부해왔지요. 미국과 유럽도 이스라엘에는 면죄부를 줘왔고요.

앞에서 칸 검사가 '2014년 가자지구 공격'도 조사하려 한다고 했지요. 그 공격 뒤 팔레스타인이 요청해서 ICC가 조사에 나선 바 있습니다. 당시 이스라엘은 로마규약 가입국이 아니라며 "ICC의 권한이 적용되지 않는다"고 주장했습니다. 미국도 "이스라엘은 ICC의 당사국이 아니며", "팔레스타인은 주권 국가로서의 자격이 없다"는 이유로 조사에 반대했고요.

당시 ICC 검사는 아프리카 감비아 출신인 파투 벤수다였어요. 벤수다 검사는 ICC가 이 사건을 조사할 권한이 있는지부터 법원이 판결해달라고 요청했어요. ICC 법정은 서안과 가자, 이스라엘에 점령된 동예루살렘에 대해 ICC가 관할권을 가지고 있다고 결정하면서 벤수다의 손을 들어줬습니다.

벤수다는 5년간의 예비 조사를 거쳐 정식 조사에 착수했습니다.[10] 그러자 2020년 트럼프 미국 대통령은 이 문제를 들어 벤수다의 미국 비자를 취소하고 금융 제재까지 했습니다. 이듬해 6월 벤수다가 퇴임한 뒤 ICC는 이 사건에 대한 조사를 중단했지요. 트럼프 정부의 이런 조치는 거센 반발을 샀어요. 로마규약에 가입하지도 않아 놓고, ICC를 밖에서 흔들어 무력화하려는 것이나 다름없었으니까요. 이 때문에 영국, 프랑스, 독일을 비롯해 67개국이 "우리는 재판소를 변함없이 지지한다"는 성명을 발표하며 미국에 맞서기도 했습니다.

가자지구에서 2023년 다시 전쟁이 일어나자 남아프리카공화국과 스위스, 리히텐슈타인 등 몇몇 나라가 공식적으로 ICC의 개입을 요청했습니다. ICC는 이스라엘과 하마스 양측의 범죄를 보여주는 증거들이 있다며 기소 의지를 보이고 있고요.

과연 이스라엘에 책임을 물을 수 있을까요? 이스라엘이 거부하더라도, 로마규약에 따라 조사나 재판은 진행될 수 있습니다. 물론 이스라엘 정치 지도자나 군 지도부를 ICC에서 수사하고 기소한들, 강제로 법정에 출두하게 만들 방법은 없습니다. 그렇지만 엄청난 압박이 되고 행동에 제약이 올 것은 분명합니다. 기소가 되면 이스라엘 군 관리와 정치인들은 로마규약 가입국을 방문할 때 체포될 위험을 감수해야만 하거든요.

ICC는 2024년 11월 21일 네타냐후 이스라엘 총리에 대한 체포영장을 발부했습니다. 실제로 로마규약에 가입한 나라를 방문했다가 체포될 가능성은 낮다 해도, 네타냐후 총리의 외교적인 능력은 엄청나게 제약을 받을 수밖에 없지요. ICC의 체포영장은 그 자체로 '국제사회가 이 사람의 반인도적인 범죄 혐의를 주시하고 있으며 조사와 처벌을 바라고 있다'는 메시지인 것이니까요.

이스라엘은 국제기구에서 미국의 보호에 의존해왔지

만, ICC에 대한 미국의 영향력은 제한적입니다. 미국 자체가 가입국이 아니기 때문입니다. 유럽은 어떨까요? 유럽은 미국의 압박과 국내외의 여론 사이에서 때로는 이스라엘에 압력을 넣고, 또 어떤 때는 이스라엘 편을 들어주는 식으로 행동해왔습니다. 일관되지 못했던 것이죠. 하지만 유럽은 우크라이나 전쟁을 일으킨 러시아의 행위에 대해서는 ICC에 강력한 수사와 기소를 요구했습니다. 이스라엘을 옹호하려면, 러시아를 규탄해온 유럽으로서는 논리적 모순에 빠지게 되겠지요.

아마 ICC가 조사한다고 해도 오랜 시간이 걸릴 것이고, 기소해서 재판정에 세우기까지 숱한 장애물이 있을 것입니다. ICC는 이스라엘을 상대로 칼을 빼 들면서 국제사회 앞에서 '정의'의 기준을 보여줘야 하는 위치에 섰습니다.

1) https://reliefweb.int/report/syrian-arab-republic/nine-years-
   syrian-regime-has-dropped-nearly-82000-barrel-bombs-killing
2) https://www.cfr.org/global-conflict-tracker/conflict/political-
   instability-iraq
3) https://www.un.org/en/genocideprevention/crimes-against-
   humanity.shtml
4) https://www.icty.org/
5) https://www.un.org/en/preventgenocide/rwanda/historical-
   background.shtml
6) https://unictr.irmct.org/
7) https://www.icc-cpi.int/
8) 국제앰네스티, 「Amnesty: Israel's Illegal Use of White Phosphorus in
   Lebanon a Possible 'War Crime'」 2023년 10월 31일 https://www.
   commondreams.org/news/white-phosphorus-israel
9) 알자지라, 「Impeding aid to Gaza could be crime under ICC
   jurisdiction, says prosecutor」 2023년 10월 29일
10) https://www.icc-cpi.int/palestine

전쟁 없는
세상은 가능할까

ⓒ 오애리·구정은, 2024

초판 1쇄 2024년 4월 17일 펴냄
초판 2쇄 2024년 12월 4일 펴냄

지은이 | 오애리·구정은
펴낸이 | 이태준

인쇄·제본 | 지경사문화

펴낸곳 | 북카라반
출판등록 | 제17-332호 2002년 10월 18일

주소 | (04037) 서울시 마포구 양화로7길 6-16 서교제일빌딩 3층
전화 | 02-486-0385
팩스 | 02-474-1413

ISBN 979-11-6005-132-2 44300
ISBN 979-11-6005-127-8 44080 (세트)
값 15,000원